神道の本義

The meaning of Shinto

J・W・T・メーソン［著］

J. W. T. Mason

今岡信一良［訳］

明治神宮参拝記念（昭和８年10月25日）
左より、著者メーソン、有馬宮司、メーソン夫人、訳者今岡信一良

著者メーソン（昭和８年10月25日、帝国ホテルにて）

序

私はまず日本の各地における友人諸氏に感謝したいと思う。諸氏は絶えず親切にしてくれたばかりでなく、いつも辛抱強く私を助けて、日本精神の内面的特徴を理解させてくれた。日本人諸氏は、言説的な解釈よりも、むしろ、態度・行為・日常生活・ないし環境に対する反応によって神道の意義に対する理解を示された。私はその神道の意義の根本的な面を言葉に翻訳してみたのである。もしその試みが失敗であったとすれば、もとより著者の失敗である。しかし、幾分でも神道の精神を反映し得たとすれば、それは日本人諸氏自身がその行動によって神道の光を示してくれたからである。

神道は外面は、はなはだ単純であるけれども、深遠なる内面的意義を有する。日本人は、いまだかつて客観的分析によって神道を自己表現的なものにしたことはなく、常に神道の内面的精神（日本人として欠くことのできない必須要素）によって指導されることに満足している。もし我々とは違った消化機関を持っている別世界の者が、この地球を訪れ、どうして、口中に摂取された食物が生命を維持するエネルギーになるかと質問したとすれば、何人も答えることはできないだろう。しかし事実は厳然として存在する。同様に、違った霊性観を有する西洋人が日本人に神道の意義を問うたのに対して、日本人がその意義を知らぬと答えたとしても、神道は無意義なものであるということにはならない。日本人は神道を分析していないというだけのことである。創造的原動力、詳言すれば、日本人に対する神霊的・心意的エネルギーの刺激としての神道の力は、言説的解釈の欠如に関係なく、常に存在しているのである。

一八七四年、日本アジア協会の会合において神道に関する討議の行われたことがある。その際英国公使たるハリー・パークス卿は『他の人々と同様に、神道の何者たるかを知り得ないことに対して失望を感じた』と言っている。日本人は一般に全く神道を説明し得ないようである。しかし、もと土着の信仰であったものが後になって政治的機関になったことを知れば、諸般の消息は理解ができる。

牧師ブラウン博士は言う。『十四年間以上も日本に住んでいて、この問題を研究しようとしなかったのは不思議に思われよう。しかし会長へボン博士の言うように、この国の文献上の研究はほとんど無駄であった。ただ神道というものは空虚なものである、ということを発見したことを苦辛に対する報酬であったといえば言える。何物か尊敬の念を喚起するものが発見できるだろうと期待していた日本の書物も全く失望を与えた。……政府は宣教者を各地に派遣するに当たり日本の聖典からでなく、孔子および孟子から借りてきた聖文を授けるのを見れば、政府自身、神道をもって無気力無生命なものと黙認している。』（同会紀要第二巻）

この見方が、今日まで日本に居住する西洋人の間に一般に行われていた。しかし神道は生きて

いる。領土の拡張に伴う日本人の最初の事業の一つは神社の建設である。日本人の中へ入ってい
き、高きも低きも一様に神社に対して表す彼らの敬虔の態度を目撃した者は、神道の有する深い
内面的な力を疑い得ない。説明されるまでは何物をも信じない西洋人の心理には、この事実は不
可解であるけれども、それは直ちに神道を無気力無生命なものだとする理由にはならない。西洋
および東洋の偉大なる道徳的精神的教理はすべて分析されたけれども、神道のみは孤立であった。
神道は偉大なる文化の国民的基礎であるけれども、いまだ現代的説明を受けないで残っている。
私たちは、日本の生命における根本要素たる神道思想の意義についてよりも、滅亡後すでに数千
年を経た古代エジプト思想の意義について、はるかに詳しく知っている。

もし本書が幾分でも神道の意義に対する理解に寄与するところがあり、かつ人々を刺激して神
道の内面的含蓄を研究させるようになるならば、著者の労は報いられたのである。

神道は政治上の手段でもなければ、何らの施政形式の支柱でもない。世界的精神概念を有する
神道は、かかる方法によって幽閉されるものではない。日本人は神道を原始時代の暗闇《くらやみ》から現代
的進歩の光明の中へ持ち出してきた。それは国民の所有である。それは一つの永久的国宝である。
しかし神道は心の博物館に葬り去られてはならない。日本人は、今や自覚的に神道を理解しなけ
ればならない。日本人がそうすればするほど、西洋は日本を理解するようになるだろう。西洋が
日本に対して無知なることは遺憾である。しかし日本もまた、自覚的には自己に関して無知であ
る。米西戦争のころまで、東京帝国大学には国史の講座はなかった。また世界戦争の後まで、神

道講座はなかった。

神道を理解することなくして日本を理解することは不可能だと日本人は言う。西洋としてはそのとおりである。しかし日本人自身としても、さらにさらにそのとおりである。日本人は直感的に神道を理解するけれども、さらに自覚的に理解するにいたるまでは、日本国民は西洋の理解を期待し得ない。まさに発現しようとしている新世界情勢においては、各国民は自己を他国民に理解してもらう方法を知らなければならない。それをなし得ない国民は後《あと》に残されてしまう。日本は遺憾ながら自己を説明する能力において欠如している。東洋におけるこの偉大なる国家（東洋においてはそこにのみ創造的活動の精神が現代的な標準において存在する）の将来の福祉のために、その国民は自己の文化をより客観的に理解することを学ばなければならない。

神道は、日本の世界文化に対する主要な貢献になり得るけれども、日本はいまだいかにしてその貢献をなすべきかを知らない。神道は世界に対してメッセージを持っている。そしてこのメッセージ普及の使命は日本の負うべきものである。そのためには、神道を日本国民自身の間に、もっと現実的なものにしなければならない。

私は、日本がその全国民の肩の上にかつがれているこの責任に目ざめんことを切望する。神道は人民のものである。いかにしてその感化力を増進すべきかは人民の解決すべき問題である。

J・W・T・メーソン

訳者の言葉

ニューヨークの新聞人たるメーソン氏が神道を論ずるのは全く素人の余技にすぎないと思われよう。しかし私の知る限りでは、メーソン氏は過去約三十年間神道を研究し、今では忠実なる一神道家をもって任じている。メーソン氏にとっては神道は決して骨董いじりではない。神道は正しくメーソン氏の生命である。したがって読者は、本書の内容について、もし多少の疑義や異論を挟むとしても、生命の書たる点については必ずや敬意を表せらるるであろう。

私が本書翻訳の任に当たったのもそのためである。より完全なる訳書を送り得ないことははなはだ遺憾であるけれども、公私の激務に従事する現在の私としては最善を尽くしたつもりである。多くの友人諸君の助力を煩わせたけれども、翻訳の全責任は私のみの負担である。幸に版を重ねる際にはいろいろ訂正したいと思う。

昭和八年十二月四日

東京　芝公園　正則中学校において　今岡信一良

目次

装幀／滝口裕子

本書は、昭和八年、冨山房発行の『神ながらの道』の復刻版である。

書名は著者の原題（The meaning of Shinto）を尊重し『神道の本義』と改めた。

読みやすさを考慮して本文をできるだけ口語調に改めた。その際、平成元年、たま出版発行の瓜谷侑広氏校訂も参考にさせていただいた。

訳者の今岡信一良氏、また瓜谷侑広氏のご遺族のご協力に感謝します。

神道の本義

第一章　日本の創造的精神

日本の有する永久的進歩の力は、民族の創造的精神に基づく。その創造的精神なるものは、神道において、個人的および統一的原動力として現れるもので、人類と自然とを、全能の神の支配によることなく、自《みずか》ら物質的進歩を創造する神霊だと考える一つの原始的直観である。日本を知るには、神道を理解する必要がある。しかし神道は自覚的に発達した信条ではないので、これを知ることは困難である。創造力は生命の潜在意識的自己知識の中に埋もれているが、神道もそのとおりである。神道は、分析によってではなく、生命に対する直接反応や暗示等をもって、神霊的に自己を解釈する創造的原動力そのものをいうのである。日本人は、神道を、日本文化の中核として神話時代より現在に至るまで固守している。したがって神道をその成果によって説明しようとするには、日本の文化的発展の一般傾向を理解しなければならない。

神道は日本に自己信頼の意識と、行為の信念とを与え、かつ日本人の精神活動を刺激して生のあらゆる方面に興味を持たせた。なぜならば、神道によれば、すべての存在は神霊に他ならないからである。それと同時に、神道において、潜在意識的要素が非常に優勢であったために、日本文化は自覚的吟味によるよりも、むしろ直観的感情と、すべて由来を問わず、何でも新しいものを試みようとする熱心とによって進歩してきた。それゆえ日本人は、しばしば十分の準備を待たずに、言わば驀進《ばくしん》的に前進してきた。時にはまた、外来思想をよく消化せずにのみ込んだため、後になってこれを捨てる必要に迫られるような精力の浪費をしている。日本人は、その進歩の追求中に幾度もつまずき転んだ。しかし彼らは、たいてい前に転んで、後ろに倒れない。また決してくたばったり、傷害を嘆いたりはしない。彼らは常に、さらに新しい努力に邁進すべく立ち上がる。なぜならば、すでに太古において神道は、自己発展のためには人は自らの実験と経験とに頼るべきで、超自然的源泉からの無駄な助けなどを待っていてはならないということを日本人に教えていたからである。

天才アンリ・ベルグソンは世界に創造力の理解を与えたが、それは日本の創造的進化の特質と神道の力とを説明する鍵でもある。創造力とは、生命の自発的衝動であって、行動の自由を求めるところのものである。それは魔法的信条でもなければ万能的機械でもない。それは進歩の新道を前もって知らず、ただ結果によってその価値を吟味すべきである。

創造力は常に自己の努力で発展することを欲する。しかし生命は、時に努力の苦痛困難に堪えかね、進歩への欲求を停止し、機械的方法と伝統的慣習の中に安んじようとすることがある。このような創造的活動の道を放棄することは文化的死を誘致する。一つの文化は絶えず新たなるものを産出し、かつこれを過去の証明済みのものと結合することによって生きていく。そうした結合によって国民的発展の連続性も保持される。創造力は無より何かを産み出し、今まで存在しなかったある価値を過去の遺産に付加するものである。

絶対的無よりは何物も生じないということは正しい。あるものが生じてくるためにはいつでも、そのもとになる何かが存在するのである。しかし私たちは、この説明では満足できない。それは、そのものの中の新しい要素を説明していない。新しいものが、その生れ出た元のものによって説明されるのは、その新しいものが依然として古いものであるか、または古いものの再生たる限りにおいてである。それが新しいものである限り、そのものは説明、予言、統制、必然を許さないもの、すなわち自由なものである。したがってその新しい要素は無より生じたのである。すべて新しいものは、それが新しいものである限り、無よりの創造を意味するのである。……新しいものを生む世界は、無より自己を創造しつつあるのである。それゆえに、世界は無から発生し得ると明言しなければならないが、ただ私たちは、さらに、創造の過程はなお進行中である、ということを付言しなければならない。（注一）

創造に関する神道思想、すなわち日本の原始的精神的直観を十分理解するには、前述の原理に立脚しなければならない。神道において無より有を創造するというのは、一切の事物が、世界の始めに、無より造られ終わったということを意味しない。それは「創造の過程はなお進行中」であることを意味する。このような方法によって日本は発展してきた。その発展は生命の諸条件の変化につれて変化を続ける。日本の国民生活は時に機械的な反対傾向に対する闘争を余儀なくされてきたが、いまだかつて創造力を失ったことはないのである。新奇なもの、絶対的に新しいものは日本人に対して常に不可抗力的な魅力を持ってきた。彼らは古いものの中より何か新しいものを生み出すことを決して恐れない。

日本の近代に生まれ、かつ教育された日本人が今なお生存している。西洋近代史はコロンブスの時代から徐々に進展してきたので、科学的進歩に歩調を合わせるのに四百年以上もかかっている。これと同じ協調が、日本では人の一生より短い期間になし遂げられている。一国民が近代式より科学的な現代式へと、かくも速やかに見事に進展し得たことを説明し得る方法はただ一つしかない。すなわち、この国民は、絶えず創造力の訓練と感化とを受けているということである。創造力がすでに文化の中に存在するのでなければ、危機に臨んで、にわかにこれを呼び起こすことはできない。創造力は生命以外にある力ではない。しかしその力を国民が持っているということは、旧来の思想から見て新しい生活条件に、国民が自己を適応させていくことと、無より有を生じさせることによって示されるのである。十九世紀半ごろにおいて日本が西欧にその門戸を開いたとき、日本国民はこれらのことを実行し得たのであるが、あのもろもろの変動をなし遂げさせた力は、人心を表面的信条で束縛せず、かつ潜在意識的精神をあらゆる偏見より自由ならしめていた神道直観の伸縮性によって、すでに何世紀も以前から養成されていたのである。

日本は久しい間、ただ自分ひとりで創造力発展の先駆者とならなければならなかった。なぜならば、東洋における相拮抗するもろもろの文明間には、日本を利するに足るほどの競争が少しもなかったからである。西洋においては、創造力はその大部分の力を、密接な関係に立って相対抗しつつある各国民間の挑戦や交換によって得てきたのである。このような競争状態においては、各国が互いに他国から学ぼうとしないとき、または自国の存在に対する脅威によって、弾力性を鍛錬せざるを得ない必要がないときに比べて、生存競争に勝ち残ったより多くの価値が、意識の表面にと押し出されて、いっそう厳密な吟味を加えられ、またいっそう広汎な分析を受けるのである。西洋諸国が、古代ギリシャ時代から現代にわたって、その知識の共同宝庫を豊かにしてきたのは、いろいろと相異なった発展方法を利用できたからである。詳言すれば、種々の成果を国外に運び、さまざまな異なった生活条件のもとに、吟味と実験と調節とを受けられたからである。

東洋にはかかる有利な点がなかった。東洋諸国は西洋諸国よりもはるかに自足的であった。西洋文明には二千五百余年以上の連続性があるといえるが、東洋文明にはこのような意味の連続性はなかった。大多数の東洋諸国は価値交換をほとんど行わずに自己固有の道を歩んできた。ひとり日本のみは、東洋において、絶えず、西洋における創造的生命の運動を追求し、自国の国民的特性を保持しつつも、常に他国からその長所を学ぶことを怠らなかった。日本が西洋に知られるはるか以前から、この国には、インドおよび中国に発する文化が普及していた。しかし日本以外の東洋諸国は、各自の創造力を相互的に助長し合うことをしなかった。例えばインドは仏教によって一時中国にその影響を及ぼしたが、その結果は創造的発展ではなしに堕落であった。またインドは中国から有用なものをひとつも受け入れず、また中国もインドも日本文化を研究に値するとは考えなかった。

日本は東洋諸国に、その伸縮性ある進歩と訓練された創造的活動との秘訣を授け得たかもしれなかったが、東洋諸国は各自の個人主義的な理屈に固まってしまっていた。日本が遠方の文明に対して持っていたような興味を、もし東洋諸国が持っていたとすれば、今日の東洋は生々した活力をもって躍動しているであろう。アジア大陸には、常に日本におけるよりも、より多くの自己表現があり、したがって日本の創造力の隠れた源泉を発見するよりも、中国およびインドの文化の根本原理を理解することの方が容易だというのは本当のことである。しかしこのことは、大陸が島国における生命感を閑却したことの説明にはならない。大陸文化の静的状態は、それら文化の自己満足に起因している。中国は前代未聞の唯美主義に耽溺し、インドはその主力を精神的思弁に注いだ。両国とも、その独特な天才によって世界に貢献するところ甚大ではあるが、しかし両国とも、その文化内に存する不平均な事実のために大いに悩んでいる。

日本が常に率先して文化的霊感の新しい源泉を求めようとするのは、日本国民が多方面にわたる自己発展に関心を持つからである。そしてその関心は、全宇宙は全部分の神的起源によって互いに相関連するものだという神道観から得られたものである。日本は精神主義と審美主義とを実用主義に調和させた。そうしてその創造力を、忠実にこれら三方面に結合させることによって進歩してきた。これは日本が世界文明に与えた寄与の一つである。また同時に、現代の物質的進歩の厳重な科学的検討に耐えつつも、美的および精神的生命観を実利的能率主義と結合させた国民の一例である。文化がこのように発展の理想に忠実な限り、内部的な力によって衰退または滅亡することはあり得ない。一国が永久的な創造的進歩をなし遂げ得るか否かは、物質的進歩の能率を増進するとともに、その美的精神的感受性を発展し得る能力を有するか否かによって定まる。二千年もの間日本は、この生命の三方面を日本文化の中に結合しようと努力し続けてきた。このような成果は、絶えず創造力が厳存して自己の多方面的活動に専心しない限り得られないのである。また同時に、人格や人の物質的活動に対してと同じく、全自然の開花にも霊的価値を付与する神道の潜在意識力なしには、日本人はかかる調和をもたらし得なかったであろう。

しかしながら神道の影響は、以上のように調和的であったとともに、また個人主義的でもあった。個人的活動欲、個人的責任観、個人的自己発展は常に日本人の特性をなしていた。しかも調和の直観は決して失われない。個人主義と協調主義との闘争は日本歴史全体を通じてすこぶる顕著である。しかしこれら人間関係の二要素を、進歩条件の変化につれて、絶えず互いに調和されていこうとする創造力がそこに発動する。いかなる国民にとっても、この点はその活力と伸縮性との主要な証拠である。個人に活動の自由を認めつつ、国民生活の不統一を避けるにはいかにすべきか。また、いかにして全体の善をすすめ、また全体の業績をあげるために個人を全体に合致させられるか。これが進歩に関する緊急問題なのである。

個人努力の結合たる社会は、その各成員の努力によって利し、また各人の努力を容易にさせるものである。社会は個人を服従させることによって初めて形成され、また個人を自由にさせることによってのみ繁栄し得る。この矛盾した二要求は、調和されなければならない。

……人間社会は互いに生存競争を続けつつ、しかもその求めるところは、明らかに衝突や摩擦によって、敵意をなくして矛盾を除き、個人の意志が、その個人的形式を棄てることなく社会意志の中に入り込み得るようにし、また種々の相異なった社会もまた一層広く包括的な社会にと入り込み、しかもその独創性と独立とを失わないようにすることにある。この光景は不安を与えると同時にまた勇気をも与える。なぜなれば我らはこれに対するとき、ここでもまた、無数の障害を冒して、生命が、個別化と総合化とによって最大なる分量、最も豊かなる多様性、発明と努力との最高品質とを獲得せんとして働いているのだと言わざるを得ないからである。（注二）

このように、人間社会における衝突と摩擦とによって自己の進歩を戦いとらんとする生命は、また一国民中においても同じ方法をとる。一文化が個別化と総合化との二者を発達しようと努めない限り、その国民の創造力は眠っている。創造力が一国民の中に発展しようと努めない限り、その国民の創造力は眠っている。創造力が一国民の中に発展しようとするときは、個人主義と協調主義との闘争が起こる。なぜならば経験と実験とによってのみ生命は適当な調節の方法を知り得るからである。東洋においては、ひとり日本だけがこの創造的進化の過程を持続的に追っていき、文明の進歩につれてその複雑性を加えていったのである。

日本の古代史においては、家族的集団が個人的勢力を抑圧するおそれがあり、一般平民を自由なる市民ではなく、成員の上に絶対権をふるう氏《うじ》の『事実は財産』（注三）たらしめた。集団的結合は、氏族の長に大きな権力を付与し、氏族をして民族と相競うという地位に置いた。蘇我氏はこの分裂的傾向の急先鋒となった。しかし日本の創造力は、このような民族分裂の傾向を妨げるように働いた。六、七世紀における偉大なる摂政たる聖徳太子は、欧州がまさに暗黒時代にあったときに当たり、その十七条の憲法において、人権の勅許《ちょっきょ》を宣布した。太子の目的の一部は、国民を氏の専政から解放し、氏の権威を天皇に移すことによって個人の自由を拡大することにあった。この偉大なる発展は四半世紀後、大化の改新において完成したのであるが、西欧において国民主義が興隆したジャンヌ・ダルクの時代に先だつこと八世紀も前に、こうして日本は国民的統一を成就したのである。

氏族運動の統将蘇我氏は解放運動の攻撃によって没落し、個人主義は一時大いに栄えたが、やがて統一主義が漸次これにとって代わった。すなわち蘇我氏の支配転覆の音頭をとった藤原氏は、ついに最高政権を獲得した。藤原氏は政権をほしいままにすべく、皇室との結婚によってその勢力を伸ばし、その一族は宮廷に満ち、その独占的野心に天皇をまで服従させようとした。新しい国家主義のこのような抑圧が続いたなら、それは日本に無責任な機械的専政政体をもたらし、やがて日本の創造力を窒息させてしまったであろう。しかし日本人の創造力は、このような運命に屈従するにはあまりに強力であった。源平二氏の競争に主因を有する個人主義的努力が各地に再興したため、藤原氏の専政もまた覆《くつがえ》された。

源氏が平氏を滅ぼし、世界史における最も創造的な政治家の一人たる源頼朝が十二世紀末に幕府制度を樹立し、個人主義の領域はいっそう広められた。頼朝は、進化的過程の結果としてではなく、自発的独創性によって、新しい政治組織を考案した世界唯一の政治家である。この制度はすこぶるよくその環境に適し、十九世紀半ばにおいて日本が近代的立憲政体に入るまでそれは続いたのである。しかしこれは、西洋の考えからすればすこぶる難解なもので、日本が開国した後、最初に日本に派遣された外国使節はこれを理解し得ず、だれに信任状を提出すべきかに迷ったほどである。

頼朝は、政権の安定を図るには、政治を無定見なる廷臣《ていしん》の支配や、天皇を擁して自己の私欲をほしいままにしようとする人々の陰謀から取り上げることが必要だと悟った日本最初の政治家であった。日本においては、時には天皇が自ら政治をとらされたこともあるけれども、たいていは大臣や朝臣がその局に当たり、国民の犠牲において自利の拡大に汲々《きゅうきゅう》としていた。天皇は国民から政治上の君主としてではなく、天上における中心的神霊の地上における人格化として、政治的君主としてよりもはるかに高い地位において尊崇されていた。しかし天皇は宗教上の法王ではなく、天神の子孫たる神道家族の集団をもって任ずる日本人の神霊的統一の人格化であった。国務大臣は絶えず側近に奉仕することにより、人為的に、ある程度天皇の稜威《いつ》の後光を反映した。彼らは自分らの都合のよいように天皇を隔離することができた。そして天皇には現実を隠蔽することによって、彼らは天皇の威を借りて忠臣をしりぞけるのに成功した。例えば、有名な学者であり政治家としても独立的才分を発揮して彼らの計画を妨げた菅原道真のような人物である。大臣たちは天皇の御名においてすべての重大事を執り行った。この制度は、進歩のためにすこぶる大切な有力な批判というものができないようにした。政令は、その実際は大臣自身から出たものであるにもかかわらず、あたかも天皇より直接発せられたかのような権威を付与された。政令を批判したり、大臣に逆らったりする行為は、さながら天皇の独特なる神霊的人格を否定する者であるかのように、時にはほとんど大逆罪として問われた。藤原氏が自家の勢力を最高所にまで高めるために側近の地位を悪用したために、いかにこの制度が危険なものであるかが分かった。

頼朝は、ひとり天才にのみ許された洞察力をもってこの事態に臨んだ。すなわち彼は、行政府を天皇のまします京都より鎌倉へと、できるだけ遠隔の地へと移転した。天皇は京都にあって国民の神霊的首長として安定された。京都は日本の神霊的首府と化し、政治上の首府は他にあることとなった。こうして、近代的言い方をすれば、西洋よりも何世紀も以前に、頼朝は日本の政教を分離したと言い得るのである。

こうして将軍は国家統治の責任者となり、その権威と地位とは絶大ではあったが、しかし競争相手の政権獲得を妨げるためには、忠言を聴き、批判を受け入れる必要があった。将軍に挑戦することは、天皇に敵対することと全くその意味が異なる。皇統の連綿たる継承も少しも危くすることなしに、将軍はしばしば転覆され得たし、また実際上もそうであった。この幕府制度は西洋史にしばしば見られる王位継承の争いから日本をよく救ったものである。政府と宮廷との分離によって、たとえ、政争が長期間の戦争を起こした場合においてさえ、少しも皇位を危うくすることなしに、有力な政治家たちは政権を争い得る機会を与えられたのである。戦争は地方的領主間のことであり、決して天皇に関して行われたものでなく、ただ将軍に関して行われたものである。相戦う政治家たちは自己の物質的野心を覆うために、天皇の神霊的地位を利用することを得なかった。幕府樹立後の日本の創造的過程は、天皇の神道的人格の中に国民精神の統一が、また政権担当者としての幕府内で個人主義が発展したことが認められる。戦国時代には頼朝によって始められた個人主義的運動は絶えず拡大されていったが、国民的統一は天皇によって神霊的に維持させられていた。また実利的創造活動に対する日本人の感受性は物質的協力をも促進した。

十四世紀における日本の内乱は、国内取引を妨げず、かえってこれを促進した。領主は彼等の軍隊と、できれば、領地とのために貨物の供給を必要とした。これによって貨物の運輸、販売は促進され、また不安な時代であったからして、商人等は相協力して自己防衛にあたることを余儀なくされた。こうして多くは従来の団体を基礎にして、これをいっそう完全なものにした同業組合および同種類の団体が成立した。……これらの組合と宗教団体との結合はすこぶる密接で、またその起源も大いに古いものである。商人等は僧院に付属することを常とした。それは表向きは僧院の御用商人としてであるが、実は商取引特に金銭貸借における特別保護をここから仰ぎ得たからである。すなわち債務督促に当たり、僧院の名声をかりることがすこぶる便利であったからである。……しかしもっと合法的な商売をしていた商人らも一定の保護者の下に集まって、独占的団体を成す傾向があった。例えば京都綿布業者組合は祇園神社の氏子より成り、酒造家は北野神社に属していた。彼らは自己の特権の侵害に関して裁判所または幕府に訴える際、神社が自分等に加担してくれることをあてこんでいたのである。(注四)

このように内乱によって生じた新しい生活状態は日本人の創造活動を刺激し、その結果、個人主義的衝動は大いに発揚された。このような進歩に関する新しい考えが生じたのは、国民の内部に創造的精神が潜んでいたからである。膨張してゆく環境に適応するため、破壊的内乱をさえ有利に転回させていったものは創造的精神であった。ほとんど同時代の西洋中世期においては回教徒に対する十字軍によってこれと同じ創造的精神が刺激されていたのであった。

十字軍は貨財を市場に出し、かつ爵位の効力を妨げることによって、封建制度の崩壊に貢献した。それはまた取引量を激増することによって都市の勃興を促し、さらに東方精神と接触することによってスコラ哲学の発達を助けた。……物を比較し寛容する新思想がこのように十字軍から発生するとともに、これによって与えられた新知識と新経験の広野は、科学思想と詩的創造にも新材料を提供した。……十字軍は従来の事物に付加させるべき新事実と旧来の研究課題に注入されるべき新精神とを提供した。(注五)

西洋思想の日本輸入を批判するときには、西洋が十字軍によって東方から「科学思想と詩的創造」とに対する新しい霊感を得たことを注意すべきである。ヨーロッパも日本も、機会さえあれば、新知識を承認して各自の文化を発展させ得る同じ創造能力を有する。しかるに回教徒は、十字軍中も、西洋より何物をも学ばず、東洋諸国もまた日本より学ぶところなくして衰退した。これに反して中世期の西洋は、中世期の日本と等しく創造的精神の霊感によってより高く向上するために艱難の中からも学ぶところがあったのである。

中世日本における闘争は三人の注目すべき政権獲得者を出した。すなわち織田信長、豊臣秀吉、徳川家康である。同一時期にかかる高き天分を持って国家に奉仕せる指導者を輩出せる国は他にないのである。この三人はいずれも独特の天才を有し、極めて個性的であり、かつ覇気満々であった。三人とも極端な個人主義的政治闘争の弊害を避けて国家の統一を図るために協力したのである。三者がその出身を異にするにもかかわらず相協力したということは、進歩に不可欠な協力に対する欲求がいかに広く日本国内に普及していたかを示すものである。信長は神官の子孫であり、秀吉の家は貧農であり、家康は貴族的な源氏（そこからのみ将軍は選出され得ることになっていた）の流れをくんでいる。この三人の中に神道と庶民と貴族との三者が象徴的に結合されているのである。国民精神のこのような自然的協力こそは、三人の努力によって、中世日本に政治的結合をもたらし、ほとんど三百年にわたる泰平時代を現出した。すなわち他の近世国家には見られないほど長い期間を通じて内外ともにその調和を保った。しかもこの平和時代は日本人の勇敢な精神を衰退させはしなかった。日本は英国のエリザベス女王（一世）崩御の当時から他国と戦を交えたことはなかったが、約三百年後、いまだ日本に知られざる新武器をもって挑戦されたとき、中国およびロシアを破ることができた。それは、日本人はなお創造的活動の原動力を失っていなかったのに対し、中国およびロシアは機械主義の支配を受けていたからであった。

しかし十七世紀の初め、信長、秀吉、家康の統一事業を受け継いだ徳川幕府は極端な鎖国政策に傾いた。日本民族は世界に対してその門戸を閉じた。そしてこの犠牲は自己防衛上の実際手段ではあったが、そのために日本国民の発展的活動はその才分に適した十分の機会を与えられなかった。より広い領域が要求された。個人主義はいろいろな形で台頭し始めた。実践躬行と個人的責任を唱える王陽明哲学が勢力を増大した。また純粋神道が個人的努力としての方面と天皇を中心とする精神的統一の方向とにおいて復活し始めた。

西洋が外部から日本の門戸を開いたとき、日本の創造力は再び解放された。徳川幕府は倒壊された。こうして立憲政体のもとに、神道の勢力は政治的に最高点に達した。再び個別化されると同時に統制化された日本人の創造的活動は、過去におけるように、新知識新成功を熱望すると同時に、日本民族古来の風習の多方面を保存しつつ、中世思想より現代的世界へと躍り出たのであった。そこで今日の日本は世界に向かい、伝統的であってしかも現代的な文化を提示する。換言すれば、西洋人のみならず東洋人にも、難解なほど異常なる創造的原動力の伸縮性を提示するのである。すなわち原始的潜在意識的直観と現代的自覚的進歩の諸要求とを調和すべく、自由自在な伸縮性を発揮するのである。

神道こそは東洋におけるこの種の独特な創造的精神を解釈する鍵を提供する。なおその創造的精神の種子は神話時代にまかれたものであり、日本文化の淵源は依然としてその時代にある。

注

（一）一九二一年十月十日。ロンドン、アリストートル学会講演　F. C. S. Schiller「新しきもの」

（二）ベルグソン「精神力」英訳三三―四頁

（三）ブリンクレー「日本國民史」一四二頁

（四）G. B. Sansom「日本文化略史」三五〇―二頁

（五）Encyclopaedia Britannica「十字軍」の項、第十四版七九三―五頁

第二章　神話と創造

神話時代において、原始人は、人間を人間らしきものとした。精神的発達の原始時代における人類の緩慢な進化は自覚的運動ではなかった。創造的原動力は、潜在意識の深所から、進歩に伴うあらゆる危険と困難とを冒して前進をあえてする力を提供した。生命は自己の内面から自己の発展を指導した。神話時代の人間は協調的諸活動、愛情、家庭生活、規律の観念、生存の可変的諸条件に対する自己調節の能力、最初の道具に対する要求とこれを作る熟練、理性の推理作用など近代的進歩のあらゆる基礎を潜在意識的に創造した。生命の進歩に対する人類の最大貢献ともいうべき言語も、神話時代に発生した。

人類を他の生物と分けるこれらの特徴のいずれも、自覚的努力によって発生したものではなかった。原始人は熟考の上で、共同動作のために仲間の者に結合しようと決意したのでもなく、また狩猟のために新しい道具を発明しなければならないとか、幼児を家庭的愛情によって養育しなければならないとか考えたのでもない。また神話時代の人間が集まって、言語を創造するために共同宣言を発したのでもない。これらの発達は、潜在意識的原動力が顕在意識にその勢力を及ぼすにつれて生じてきたものである。生命の自分自身に対する直観的直接知識が、その統制的要素だったのである。

　しかし、まず生命の創造力が、これらの要求を表現するのにふさわしいいろいろな器官を備えたところの物質的形態をとらなかったならば、この潜在意識的統制は行われなかったであろう。人体がちょうどその必要に応じた有機的形態にでき上がったのも同様に潜在意識的活動であった。生命と物質との間には、両者の共同源泉たる主観的統一がなくてはならない。さもなければ生命は物質を生きものにすることはできないであろう。我々は潜在意識の原動力が、超個人的な直接知識を示すことを知っている。さもなければ生命の諸形態間の調和は不可能となるから。かかる知識の最も複雑な一例は、種族保存のための男女両性間の調和である。今一つの顕著な例は、母親が出産後、ちょうど嬰児の消化力に適合せる母乳を分泌して嬰児を育てることである。女性は自己の体内に起こる変化によって何ら個人的利益を受けない。その利益は、嬰児によって獲得されるのである。母は子のため乳を自覚的に造るわけではない。それは、生命の潜在意識的創造力によって造るのだ。こうして生命の存続を確実にするのである。生命というものは、生命自身に関する同様の知識を多くの他の方法においても啓示する。しかし生命の自己知識なるものは個人を通じて表現しつつも超個人的である。

　植物界、動物界、人界および自然界の全現象は、生命が自己と物質性とに関して持つ根本知識の潜在意識内にあることを一致して示している。なぜならば、すべての生命は主観的統制によるからである。自覚は進化の後段において現れたものである。生命が自覚現象を展開する以前何百万年もの間、宇宙の潜在意識的精神は、その物質的表現の形成と変更とにいそしんだ。

潜在意識的原動力は、進化の長い道程を通じて、生命と物質とを形成する能力を示してきた以上、それは主観的実在の何たるかを知っていることが当然である。それはまた、生命に関する直接知識を有することも当然である。潜在意識的創造的原動力なるものは、実は生命の自己自身および物質性に関する知識そのものであり、生命というものは自己自身の知識を創造し、かつその知識を主観的に自分自身の一部となすことによって、自己の能力を展開するのである。意識の特性、詳言すれば存在というものに関する自覚的知識なるものの特性は、客観性の基礎の上に立つものである。自覚意識というものは、客観的行動に集中せんがために、表面に浮かび出た潜在意識的精神であるから、生命が自己に関して有する直接的主観的知識なるものは、自覚意識内に発生することはできない。

自覚の性質についての過度の評価に対する反動は、心理作用の正確な洞察の不可欠な準備となっている。リップスの言によれば、無意識は大円としてその中に自覚の小円を包含するものと考えられねばならない。すべて自覚されたものは、無意識の中にその準備的段階を持っている。……内的性質は外界の実在と同様に我々には不可知である。それは、あたかも外界が我々の感官の指示によって我々に知られると同じく、自覚の既知的事実を通じてただ不十分に我々に報じられるに過ぎないものである。(注一)

詩人・予言者・哲学者・または科学的天才らは、時として、自覚意識の水準下に降りて、主観的実在のある一面の洞察をかち得る。しかしこのような潜入後は、必ず自覚が自己の権利侵害の回復を求める者のように、その結果の表面的吟味を求め、混乱と紛糾とを醸し出すのである。なぜならば、自覚は常に結果を分割孤立させ、客観的経験に関係させようとするからである。自覚がこの作用を止めてただ「傾聴」しているだけにとどまるならば、潜在意識内の真理の一部は表面に浮かび出ることができる。

『すべて自覚されたものは無意識の中にその準備的段階を持っている』以上、また文明の基礎になっているいろいろの事物を創造するにあたって、潜在意識は心の表面に浮かび出るという幾多の証拠を示している以上、潜在意識的原動力は、生命に関する直接知識を意識の表面に浮かび出す力を持っているはずである。ただしそれが自覚によって理解されることがすこぶる不十分であるかもしれない。聴衆にいかにして感動を与えるかが分からなくても、その講演を傾聴する妨げとはならないように、潜在意識の内面的性質が分からなくとも、その表白するところを理解しようとする努力の妨げとはならない。

異常な賢察をもって商売を点検することは要らない。人は、あまりにも多くの対照的光沢や異種の型を考えることによって、かえって自分自身を見失ってしまうものである……最良の経営者は、いかにして自ら然《しか》るかについて最も拙き説明しか与えない人々である。（注二）

潜在意識が、いかにしてその知識を心の表面にまで運んで来るかを説明することはいまだできない。しかしながらそれが事実であることは、自覚意識が生命を指導していないことによって分かる。小児は大人よりも、その心理過程においてより潜在意識的である。なぜならば、小児はその自覚的能力をまだ十分に発達させていないからである。

子供は物の特性を見ることにおいてはるかに常人に優っている。……彼らの本能的知識、何百万の過去の生命より承け継いだ知識はなお生々としていて、教育や個人的経験の雑多な印象によって曇らされていない。例えば子供に、誰か初めて会った人を、どう思うかと尋ねてみるがいい。……長い努力と苦辛の後、突然その子は驚くべき真相を明らかにして諸君を驚嘆せしめるだろう。すなわちその子は諸君が発見しなかったものをその人の顔に発見したことを示すのである。(注三)

これと同様に、人類の幼年時代には、本能的直接知識、すなわち生命が生命自身について有する潜在意識的知識は、人類に物の特性に対する洞察力をも与えた。自己意識はいまだ軽度にしか発達していないから、潜在意識から浮かび上がる知識を分析して、これを打ちこわすようなことはあまりしなかった。民族を異にすることによって、この主観的実在の原始的直観は方法と時期とを異にして出現した。潜在意識的および自己意識的精神力は民族によって大いに異なるからである。

ある民族は、潜在意識的知識を永久化せんとして神話を造った。人類の原始的神話は生命を分析しようとする自覚的努力の結果ではない。分析の時代は、はるか後になって、自己意識がより高度に進化したときに初めて現れたものである。神話は表面に浮かび上がった潜在意識的知識の所産である。生命に関する人類の最初の直観的了解、すなわち生命が、自己に関して人類に与えた最初の知識は、原始的神話を通じて表された。太古の神話は、その全意義を正しく理解さえすれば、原始人の心に、内面的に囁かれた潜在意識的真理の生ける精神を我々に伝えるであろう。しかしこの知識は、現代人には理解しがたい方法で示されている。なぜなら自覚が神話の一部を修正すれば、直観的意味は失われるし、また潜在意識が自覚的分析方法を用いずに語ったとき、原始人は言葉の巧用にたけていなかったため、その言語的表現は混乱に陥ったからである。

だが、原始人が潜在意識的真理の着物として、不格好な表現の着物を造ったからといって、我々がこの真理を理解すべきことを拒絶すべき理由とはならない。小説家や劇作家や詩人も、ちょうど原始人と同じようにしばしば人生の波瀾や自然界の現象をこじつけて人格化し、現代的神話を造り出す。ロミオとジュリエットは小説的な恋愛の象徴であり、哲学的分析よりもいっそう正確にその種の恋愛を表現したもので、真実の存在ではない。ファウストも生ける人のように語るが、しかしこれとても欲望の客観世界にもがいている人間の無言の魂を表すものである。タルチュフ、ドンキホーテ、ノラやその他無数の小説および舞台上の人物は、非個人的な心理過程に現代神話および自己意識の着物を着せたものである。我々はこれらの作品を「小説」と呼ぶが、それらの作品が自覚の世界に根ざしたものであることを知っている。また我々が神話を「造り話」だと考えるときにも、神話の中には潜在意識的真理が含まれていることを理解しなければならない。ただし創作の過程は分析的に取り扱われず、人格化されている。小説、劇、詩は、現代的自己意識的実在の表面精神を反映している。そしてそれらは、いかなる個人にも起こり得なかった仮想的経験を利用し、または現実を歪曲しはするが、しかもなお彼らは生命に対する自覚的反応の正確な消息を我々に伝えるのである。後代の史家は現代の我々の知識範囲や、人生観を知るために、これらのものを捜し出すだろう。なぜならその立証は信頼すべきものだからである。それは我々にさえ自覚についての不安な結論を確かめる。

現代は全く無神論的瀆神《とくしん》的であって、無意識的心理の知識を欠き、一途に自覚礼讃へと走る。現に我らがそうである。（注四）

原始人は無神論者でもまた瀆神者でもなかった。その潜在意識は生命の霊的潮流の深所に彼らを潜ませた。しかし自己意識はいまだ進化の初歩段階にあったから、彼らは自覚の宗教を求められなかった。原始人は自覚的には幼児にすぎなかったが、潜在意識的には、また直観的知識に対する把握においては現代人より成熟していた。詩・劇・小説の現代神話は、原始人の神話におけるよりもいっそう優れた言語的才能と、はるか高度の分析力を示している。しかし普遍的実在の知識の潜んでいる潜在意識の深所にまでは到達していない。原始人はこの深所と交通したけれども、言説的才能を欠いていた。原始時代の神話は神霊的な言葉をもってすべての存在について物語る。宇宙に関する潜在意識的知識がその道を指示するからである。私たちは原始的宗教を研究しているが、宗教ならぬ古代神話こそ、故意にこじつけられた話を解いていけば、自覚的に作成されたいかなる宗教教理よりもはるか広汎な思想を持っている。

原始宗教は自己の持つ深遠な意義についての洞察を欠いてはいるが、現代文明の一要素としての宗教に比較してある種の長所を持っている。たとえ体系的に欠けるところがあるにせよ、いっそう包括的である。功利的かつ人道的な人生価値全部、すなわち食物から彫刻絵画にいたるまで、また動植物の研究より天体の研究にいたるまで、未開人にはすべてが主要な宗教的問題と考えられる。要するに原始人は非常に狭い世界に住んでいるので、種々の社会制度をひとまとめに大観して、そこに生命の進路を発見することがある意味では現代人よりも容易である。現代人は道徳的宇宙観を把握するにも種々雑多なことを考慮に入れなければならない。（注五）

原始人の精神における『より深き意味』は、彼らが我らに遺産として残した神話の中に残っている。私たちはこれを研究してその根本的意味と思われるところのものを現代語で表現しようとしているのであるが、幸いにも科学はこの道をいまや妨害しないのである。つい先ごろまで、科学は、このような試みを嘲笑したであろう。また自覚意識の能力が潜在意識的実在に関する原始的知識などによって挑戦されえないことを自覚意識に警戒したであろう。しかし今や科学は、科学者自身の発見の相互矛盾のために、生命および物質の主観的説明へと転向しつつある。科学者は、実在の吟味は客観的実験に基づくべしとする従来の信念を変えることを余儀なくされている。今や数学記号だけで宇宙を解消することができる。しかも物理学や天文学は、その真意の何たるかを自覚的体系的言語をもって表現することは全く不可能である。物理学や天文学の説明の方が原始人の神話よりもいっそう混乱している。科学は今や痛悔の告白をしなければならない。実在と創造力とを探検するために、生命および宇宙一般の扉を開く鍵を握っているのは、客観ではなくて主観である。そしてその道を発見するものは、主観的探求に馴らされた哲学的精神である。その哲学的精神は客観的物質性に基づくもの以外の価値を人生に認める新科学の援助を借りなければならない。

天文学および物理学の新学説は、我々の全宇宙観および人生観に一大変革をもたらす使命を帯びている。結局、問題は哲学論に帰するが、しかし哲学者が発言権を持つ前に、先ず科学者に対して、正確な事実と仮定説とについて、十二分に発言させなければならない。(注六)新科学の事実と仮説とは、自覚意識が客観的知識に対する絶対信頼によって発達させた科学的神話を破壊しつつある。物質不滅論、エネルギー保存説、重力の法則はもはや支持できない。物質界は今や全能の法則の支配から解放されつつある。専制主義的支配の欠乏を意味する非決定論が機械主義にとってかわりつつある。

物理現象を我々が今日まで分析した結果は、決定論の論拠はどこにも発見し得ないということである。……決定論的法則と非決定論的法則の差異については、いささかの疑問もないと思う。決定論とは、通常、将来に起こるべき全事件を現存の事実から演繹するにたる決定的法則の存在を主張するものと考えられている。(注七)

すなわち私たちは宿命によって支配されるのではなく、自ら自己の将来を造る一つの自由な宇宙に住んでいるのである。地球をはじめ、すべての天体さえも実はその欲するままに運行しているのである。

地球は、どこでも、その欲するところに赴くと予は主張する。次に、地球はいずこに行くことを欲したかを、私たちが見出さねばならないのである。私たちにとっての重要問題は、地球が現象の背後に存する不可測な絶体界のどこに行ったかに存するのではなくして、時間および空間という便宜上の背景におけるいかなる場所に、私たちは地球を位せしむべきかにある。……重力の法則は諸天体を統制する苛酷なる支配者ではない。それは諸天体の罪過をくらます親切な共犯者なのである。（注八）

自覚は、かかる逆理《パラドックス》に対していかなる説明もできない。この解答が結局見出されるのは創造力の潜在意識的非空間性の中においてのみである。しかし、現代科学が、地球は全能力の支配下にあるのではなく、どこへでも、その欲するところに赴き得ることを発見した以上、私たちは生命も全能力の支配下にあるのではなく、これもまたその欲するままに動けるという潜在意識的直観を表す神道神話の真理を信ずることができる。現代科学が天体を解放するとすれば、神道はすでに太古において、生命が生命自身について持つ知識の直観によって、創造的精神そのものを解放したのである。直観的知識は実在の知識である。もはや科学も承認するから、哲学に転じてその証明を求めるならば、次のように言われている。

直観的知識には、教師も要らなければ、また誰にたよることも要らない。それは自分自身の烱眼《けいがん》を持っているから他人の眼を借用する必要がない。……初めて直観を持つ心を想像するに、それは真実の実在のみを直観するように思われる。しかしすべてが実在なるところでは、何物も実在ではない。子供にとっては、真実と虚偽、歴史と寓話とは一つであり、その間に区別をつけることは困難である。したがってその微妙なる消息を伝えるにあたり、極めて漠然とし、かつ不完全なる観念を用いる。直観においては可能世界に関する素朴観念と実在の世界との統一がいまだ分化されないでいる。(注九)

幼児は原始人と同様に、直観的知識を持ちながらも寓話を事実と考える。しかし直観は内面から起こるけれども、その混同は、自覚意識の表面に現れる寓話と事実とを区別できないことから起こる。寓話と事実とは潜在意識的知識が表面に達するとき、その潜在意識的知識と結びつくのである。原始人は、潜在意識から生ずる実在の直観的知識を、自覚から生じる可能世界の素朴観念と混同した。神話の中に埋もれているところの生命が、生命自身について有する知識の原始的真理を探求するときに、私たちの指導者は、これらの自覚的表面的要素ではなくて、潜在意識的直観でなくてはならない。現代の人類学者は現存未開人種の生活習慣を研究するときに、これと同じ根本事実を悟得しつつある。

意識的行動の研究家の努力によってかち得た概念が、今日まで人類学にあまり貢献していないことは注目すべきことである……無意識的心理過程が、人類学者にとって最も重要な、かつ興味あるものであることは疑いの余地がない(注十)

原始人の持っていた生命の道の本義は、今日の現存未開人種の心の自覚的表面には発見されず、その潜在意識の中に見出されるべきものだとすれば、神話における顕在意識的な言葉は、その潜在意識的源泉にまでさかのぼることなしに、いかにして生命の原始的知識を理解する助けとなり得よう。神話作家が、生命を説明しようとする自覚を持ってその創作を試みるとき、神話の価値は常に減少する。禁断の知恵の実を食べたために、罪を犯し、かつ楽園から苦難と混乱との世界に追放された旧約のアダムとイブの物語は、全く潜在意識的直観に立脚している。なぜならば、生命を全能の支配に対する信仰から、自力による進展の途につかせようとする生命そのものに内在する創造力は、必ずやこの種の障害にぶつかるものだからである。しかしこの事実のゆえに、人類は生まれながらにして罪人であると結論することは、仮想された原始的無罪状態における罪の成立を説明しようとする自覚意識の侵入である。

神話の原始的真理に到達するためには、こうした自覚意識的敷衍は避けねばならない。しかるに光の創造に関する旧約の神話は、全く純粋な主観的直観の一例である。創世記によれば、エホバは創造第一日に光を造ったが、その四日目まで太陽は造らなかったとしてある。これは自覚して理屈をいう人には、不合理と思えるであろう。しかし原始人はその意味を知らなかったから、この神話の中にはこれを説明しようとする試みがないのである。ところが、現代の新しい科学はこれに解決の端緒を与えてくれる。現代科学は、物質は光より遅い速度で運動する放射にすぎず、また放射は光と同じ速度で運動する物質にすぎないことを信じてきたからである。

これらの観念は、全宇宙を潜勢的または現勢的な光の一つの世界に帰せしめるからして、宇宙創造の全過程は『神光あれと曰へり』の一句の中に、完全な正確さを以って尽くされているのである。(注十一)

この一句は最初の日における光の創造を叙する旧約聖書の言葉である。光の創造後三日目に太陽が造られたことについては何らの説明もないけれども、それは、当時の原始人の潜在意識が、創造は放射(あるいはエネルギー)から始まったとの観念を表現しようと努めたことを暗示している。しかしこの放射観念が心の自覚的表面に達したとき、太陽の出現までは光はなかったにもかかわらず、それは「光」とされた。しかし太陽以前に宇宙に光があったとするこの神話は、奇怪なものではなかった。なぜならば、潜在意識の意味は「潜勢的光」、あるいは現代科学が正しいとすれば、今日我々の「物質」と呼ぶところのものであったからである。現代科学の研究によるこうした援助によって、私たちは原始神話の内面的意義を探ねるに当たって採るべき方針を定める手がかりを見出すのである。

ベルグソンが、まず表面的現象に親しみ、次に生命の流れに沈潜することによって、私たちは実在を観察し得ると言ったように、私たちの精神的深みを通じて、できる限り民族的潜在意識の中に沈潜せんと努めなければならない。さらにまた私たちは、神話を造り、また神話に伴う伝統を遵奉した原始人の活動状態の知識によって、彼らの精神状態を研究しなければならない。これは極めて貴重な指針である。原始人は、潜在意識的真理を論理的体系的には了解していなかったが、しかし彼らは、直接行動によって潜在意識的知識を実践したのであるからである。現代人でさえ、その生活態度を示すのは、言葉によるよりもはるかに多く活動によるのである。言語的には未熟だった原始人は、その思想を表すに当たり、ほとんど全く潜在意識的知識（生命が自命自身に対して有する）に基づく実践をもってしたのである。

神話が潜在意識に立脚すればするほど、また自己意識の影響をこうむることも少なければ少ないほど、生命の直観が表現せんとする意味が、人生におけるさまざまの変動や人為的事情によって混濁されることもまた少ない。しかし神話は廃退的影響を与えることもあり得る。なぜなら、いかなる文化においても、もし活動の多方面性というものがとどまってしまい、古代神話だけが残ることになれば、その神話の意味は誤解され、その形は変更され、創造的活動のかわりに迷信その他いろいろの嫌悪すべきことが生じてくるからである。人類が進歩するためには、原始時代の素朴状態から脱却しなければならない。そして続いて起こる自覚的発展は、通常神話を漸次消滅させる。ところがもしある文化が進歩的であり、しかも原始的民族伝統を、自覚意識によって混濁されないで保存しているとすれば、そのときこそ潜在意識的真理探求の絶好の機会が我々に与えられるわけである。

しかるに神道神話における場合がちょうどこれに当たり、この点でも神道神話は、神話学界に特異な地位を占めている。日本人はその民族的潜在意識を保持していることが他の諸国民よりははるかに長かったため、神道神話は、現代人の継承した他のどんな原始的伝統よりも純粋な潜在意識的直観にいっそう近いのである。したがって原始神道は、自覚によって歪曲もされず、また活動の休止によって廃退的になることもなく、現代にまで伝わっているのである。

中国、インドおよび西洋の文化は自覚的発展によってそれぞれの文化単位から興起したものであるため、潜在意識的発展を表面的分析と論理との圧迫下に埋没した。しかし日本はその国民的発展において、そのように熱心に自覚的精神作用を用いなかった。理論をもてあそぶ自覚的精神作用の諸結果は、中国、インドまたは西洋から日本人に伝えられたものである。日本人はこれらの伝来物を吸収し、修正し、また主として創造的衝動の潜在意識的過程を経て、これを日本精神の一部にと化したのである。したがって日本人の潜在意識は自覚によって抑圧されはしなかった。なぜならば自覚は、日本においては、他の偉大な文化におけると同程度には発達していなかったからである。日本人は、今日もなお自覚的分析によるよりも、内面的感情によって、より多く行動する。彼らの強い創造能力は、自覚を至上とする西洋におけるよりも、いっそう潜在意識的な過程をたどる。したがって神道の神話は、神話時代から現今にいたるまで、日本の活力であった点で無比のものであり、原始人の生命観を研究するのに独特の領域を提供してくれる。

日本文化が、その中世的進歩形態から近代的のそれへと躍進したことと歩調を一にして、神道が日本において勢いよく復活したその事実こそ、まさに神道神話の中に創造的感化力が内蔵されていることを示している。他の神話は進歩の潮の前に出ては退却してしまったが、神道は物質的進歩によってかえって強められる。なぜなら神道の神話においては、生命が自己および宇宙に関する主観的直接知識を顕示しているからである。しかし神道の神話を神霊的に理解することは現代人には困難である。神道神話の作者たちは「生命のみならずすべての物質も神霊である」という直観に従って行動しているのである。テニスンは、破れ壁に咲いた一輪の花を完全に理解し得るならば、私たちは神と人との何たるかをも知り得るであろうと言って、すべての生命の神霊なることを暗示した。しかし神道においては、この破れ壁をまで神霊の中に包含するのである。

神道神話を理解するには今一つの困難がある。神話の中には、漠然と記憶された日本民族の歴史的事件と創造的な天上の出来事とが混同され、また実在に関する潜在意識的知識を人格化するために、それらが利用されているからである。ただ、幸いにしてそこには自覚的分析や論理的徹底を求めた跡がない。もし自覚がこの種の方法を用いて神話を「読み易く」しようとしたら、その過程で潜在意識的真理は姿を消してしまっただろう。原始神道人の精神作用にはまだ何らの解説手段も発達していなかった。したがって論理の一貫はないけれども、こみいった言語的表現の中に、潜在意識的真理は少しも乱されずに保存されたのである。

神道神話によれば、日本の歴史は日本国の発生以前に始まっている。日本歴史の出発は天にある。しかし神学的教義上の天ではなく、すべての生命とすべての物質とは創造的神霊の客観的発現であるという神道の潜在意識的直観に調和し得る天である。神道では天のことを『高天原』と呼ぶ。この称呼の中には、日本史の起源を天にありとする神道思想の場合と同様に、原始人の心を混乱させた二つの観念が存在する。日本民族の原始的記憶においては、日本人は日本よりはるか離れた土地、おそらくは南方諸島、およびアジア大陸の北部に発生したものと知られていたに違いない。こうして、住民が自分の故郷を理想化して、それがどんなに不完全な土地でも、これを天と呼ぶことはまれではない。このように『高天原』は、どこか空間的な住所を暗示する。しかし、神道においては、正式な宗教におけるよりもはるかに熱烈に、真に神霊の非空間性を強調している。神道では、神社において神霊または天を表すべき何らの絵画も彫刻も用いないのである。

天ということについての真の神道思想によれば、天は宇宙の空間的部分ではなく、非空間性または主観性のものである。したがって神道神話は、日本の史的起源を天に求めることによって、漠然と記憶された民族的故郷を理想化しているのであり、またこの記憶を利用して、全宇宙は神霊なりという真理を地方化してこれに生彩を加えようとしたものである。実在に関するこのような深遠な潜在意識的知識こそ、原始人が表現しようと試みたものであり、また日本文化に永久かつ深刻な感化を及ぼした神話の根本的部分をなしているのである。この意味において、日本史は、全宇宙史とともに、客観的に発展してゆく神霊的創造的精神の主観的中心である天に出発点を持つ。私たちは、このような考えを、原始人の無知と創造との産物であるとして廃棄することはできない。なぜなら現代人は、宇宙の起源は非物質的のものであるという科学の新発見の影響によって、自覚的にこれと同じ考え方に転向しつつあるからである。もし宇宙が非物質的なものだとすれば、その源泉は主観的なもので客観的なものではあり得ない。したがって、物質的宇宙へと発現してゆく主観的創造力の源泉に対して私たちが天という名をつけようとしても、科学はこれに対し、何ら有力な反対論をも、またこれに代わる説をも提供できないのである。

神道においては、宇宙と創造的神霊との間に分離はない。宇宙は自己を物質および生命へと拡大してゆく創造的神霊である。霊と物質と生命と、この三つの実在が存在するのではない。物質と生命とは、神霊が自己創造をしてゆく途上においてとるさまざまな姿であるけれども、常に神霊そのものでもある。すなわち神道には二元論は存在しないのである。現代科学の傾向である一元思想は、神道神話が、その言語的表現を欠くにもかかわらず、実在に関する潜在意識的知識にいかに忠実であるかを立証している。こうした原始人の非論理性によってこそ、潜在意識的真理は表面に浮かび出ながら、しかもそこで自覚によってほとんど妨げられないでいたのである。神道神話が形成されるころは、日本人はまだ潜在意識的真理を汚濁すべきどんな自覚的文化も持ってはいなかった。

茶、扇、陶器、漆器といった後代の日本を有名にしたこれら物産の中のどれ一つも彼らは持っていなかった。彼らはまだどんな種類の車両をも使っていなかった。彼らは正確な時間測定法も貨幣も持たず、また医術もほとんど知らなかつた。彼らはある種の音楽と詩とを有し、その中の少くとも若干は無価値のものではなかったが、しかし私たちはそこに絵画の存したことを聞かない。彼らの知らなかった技術のうち最も重要なのは文字を書くことである。

(注十二)

もしチェンバーレン教授が、神道の真義を知っていたとすれば、こうした叙述は決して神道をそこなうものではない。否かえってこれは、自覚が欠けていたために、実在に関する潜在意識的直観が、日本における永久的感化力であり続けたことの立証である。なお外来的影響も生命に関する民族的理解の直観性を害さなかった。

古神道はほとんど外来的源泉に負うところがない。それはだいたいにおいて日本思想の独立的発展である。（注十三）

神道は、その神話の物語性では日本的である。また、宇宙と創造的神霊とを同一なりとする原始的な潜在意識的直観が、日本においてのみ国民生活の不可欠部分として保存されているという事実において、日本的である。しかし神道はこれに尽きてはいない。神道は、生ける実在（すなわち一つの限られた経験ではなく最広義における生命）の表現であるという点において日本的以上のものである。それは国民史の形の中では生命知識を表現するものであるが、その意義は応用性の点において世界的である。神道の根本義に似た、実在に関する潜在意識的知識は、そもそも人類が共通して持っていたに違いないのである。したがって他の神話においても同様の思想の痕跡がある。ただしそれらの中では、その知識がもっと間接に表現され、かつ無限の変更を加えられている。その理由の一つが堕落、そしてもう一つの理由は、自覚が潜在意識的真理を修正し、かつ生命と物質とに関する不完全な表面的研究に合致するようにこれを解釈しようとしたためである。

人類の持つ生命に関する潜在意識的知識から生じた原始的同一直観は、直接で根本的な意義を持っている点においてみな共通である。ただしそれが、一つの文化には保存され、他の文化には失われている。例えば中国語でも日本語でも「天然」の語は「自然」および「天によりて造られた」ことを意味する。そこで両国語とも、同一文句を「自然が開花しつつある」と「天が開花しつつある」との両様の意味にとる。また自然という語も、中国語も日本語も共通で、「nature」と「自発的に造られた」との両様の意味がある。原始時代の中国はこれらの語の本義の相互関係を理解していたに違いないのだが、中国人は理論的自覚的精神作用を発達させて、原始的潜在意識的直観を押さえつけてしまった。そこで中国人は、「自然」「天によりて造られた」「自発的に造られた」の三語が同義であるという深遠な意味を失ってしまった。

ところが日本においては、自覚的論理が人心を独占して潜在意識的理解を排除してしまうようなことは決してなかったから、これら三語連関の本義は、神道に今なお厳存しているのである。神道神話においては、自然は天によって自発的に造られたものである。すなわち自然は、実に客観的に自己を創造してゆく天そのものにほかならない。自然は天における超絶的製造原理の機械的産物ではない。自然とは、自己発展をなしつつある神または神霊そのものなのである。それゆえに「天然」および「自然」の二語の直観的意味において、例えば自然は開花するというとき、開花するものは神そのものなのである。同様に「自然」と「自発的に造られたもの」とは完全に同一物を意味するのである。

神道は常に同一の世界観を保持していたため、日本が中国から「天然」および「自然」の語を原意のまま受け入れたことは当然であった。中国においては、その原意を口にはするけれども実際には失ってしまっていた。しかし、日本では原意を改める必要がなかったのである。日本が中国から影響を受けるようになってから、大陸においてはその活力を失い機械的になってしまったこれらの多くの言葉は、原意のまま日本人に採用された。日本文化における潜在意識の力と、神道が日本の伝説に植えつけた生命に関する純粋知識とのおかげで、これら外来の主要観念は、日本人によって文字どおりの意味に理解された。したがって神道の中に中国的表現法が見出されるにしても、それは神道がその実在観念そのものを中国から借りてきたことを意味しない。中国人は言葉を造りながら、その前にその言葉の本当の意味を忘れたのである。それは、何世紀にもわたって論理学が礼讃され、かつ行為を伴わない知識が中国文化の中で至上視されたためである。

日本人は有史以来その思想を言葉で表現するよりも、実在の原始的潜在意識的把握に絶えず忠実であろうと努めてきた。それゆえ中国人の表現法が日本人に知られるようになったとき、神道は若干の中国語を本来の意味に解釈して、採用に適すると思った。神道思想を理解するためには、こうした中国語を形容としてではなく、文字どおりの意味にとることが必要である。なぜならこれらの語は、中国思想の模倣としてではなく、神道の潜在意識的直観に照らして理解されたのち日本語に入ってきたものであるからである。

十世紀の日本がその人間観の点において、非常に現代的であったことを示す紫式部の名文の中の一節に言う。

そこにあることを予期しないただそのことのために、性質を見失うことがしばしばある。（注十四）

この言葉は特に原始人の潜在意識に対する現代人の態度にあてはまる。私たちはそこに生命に関する根本的知識があったということを予期しない。そのために、私たちは神道神話の中に埋もれた根本観念を認めることができないのである。言語や文化的影響の研究によって、潜在意識的意味が明らかにされてもなお、私たちは、自覚をすべての知識の源泉とする確信にあくまで心酔しているから、ややもすれば懐疑的態度をとり、その種の解釈は人為的であるか、あるいはこじつけであると公言する。

しかし最近の哲学も科学も、宇宙の生因としての自発的創造へと眼を転じつつあるから、神道に表れているような原始人の潜在意識的洞察を軽視することはますます困難になっている。神道神話には創造的自発性の意味が一貫して流れている。その表現は哲学的ではないが、原始人として可能な限り創造過程を描写している。神道において、潜在意識は、その語ろうとするすべてを言い表していないからといって、それは伝説作者の才能が、時代の相違を考慮に入れても、現代作家に劣っていたことを意味しない。

作家は彼の言ったことのほとんどすべてを知り得る。しかし、彼の心が言おうとしたこと、もっと正確に言えば、彼の作品が伝えたいと思ったことの全意義、そしてその指示する方向

と距離については決して知り得ないのである。逆説を弄するようだが、たしかにそうである。（注十五）

現代の大哲学者のこの言葉は、人は内面的意味を表面に浮かび出そうと努めるが、それは決して十分には表現されないということを証している。しかし他人の評価によって、その作家が自覚されていなかった意味が明らかにされることもしばしばある。神道神話においてもまた同様である。原始人は、生命が自己について持つ潜在意識的知識を発表しようと努めたが、その潜在意識的真理を客観化すべき言葉を持たず、また彼ら自身も、最深の直観が明らかにしようとしたすべてのものを十分自覚的に把握してはいなかったのである。しかし用語が十分吟味されれば、基礎的意味の理解だけはできるようになつた。神道伝説のうち最古のもので西暦七一二年に書かれた古事記の序文の中に、その作者は全巻の内容を要約して、次のように創造の開始を描写している。

夫れ混元既に凝りて、気象未だあらわれず。名も無く、為《しわざ》も無かりき。誰か其形を知らむ。然れども乾坤初めて分れし時、三神造化の首《はじめ》を作《な》し。（注十六）

「混元」は通常不秩序混乱を意味する。しかしこの場合、力も形もないのだから、不秩序を生むべき力もなく、また混乱に陥るべきものもなかったのである。「混元」はまた無を意味したとも考えられない。なぜならばベルグソンも言ったように（注十七）、無は物質的意味においては常に前にあったものの消失を意味するからである。無（No-thing）とは、かつてあったが今は消失してしまったあるものを意味する。神道において、気象に先在すると説く混元なるものの真義は主観性のことである。神道において、「混元既に凝り」とあるは、主観または非空間性が自己創造的に客観的になってきたことを意味する。誰でも主観が客観化される日常経験を持っている。心の内部の観念は主観的または非空間的であるが、もしそれが固成して、言葉として外に出ればそれは客観的または空間的となる。もしこの発表された言葉が、客観化されたのちもなお自己発展的であるならば（例えば他人に与えるその感化において）、それは主観より客観への発展を意味する神道的純粋創造観の一例になる。純粋創造というものは、客観的には言葉の開展してくるすべての新意義を発揮し、主観的には、一定の言葉以上であり、したがって別な言葉としても、また行動としても発展し得るのである。現代科学が、電子を物質的形態のない運動またはエネルギーだと説明するように、主観的観念が客観化されるために、思考者が進化してくるまでは、思考者のない純粋思想もしくは純粋精神というものがあるだろう。

創造の開始に関する神道的描写は、創造的自発性という潜在意識的観念によって支配されている。「気象未だあらわれず」の間は、次いで起こるべき形態、すなわち宇宙の将来の内容は知り得ないという考えの中には、機械主義的原理は少しも含まれない。絶対主義的全能者または機械主義は、気象の現れる以前に将来の形態いかんを知っていなければならない。神道の伝統の中にはかかる予知が全くないのであるから、神道の伝統はそもそもの初めから、創造の観念に対する全能的機械論の立場を去って創造性という考えを持ったことがよく分かるのである。

神道におけるかみという言葉は個別的に人格化された神霊を意味する（注十八）。古事記には、三人の神は『独神《ひとりがみ》なりまして御身を隠し給ひき』とあり（注十九）、すなわち三神は自己創造的で、創造の開始をなしてから消失したという意味である。宇宙が創造の開始において、機械的に造られたとする描写はそこには全くない。単にこの三神が初めて創造力を発揮したということが述べてあるにすぎない。そしてこの考えは神道の神話中に一貫して持続されている。すなわち神話の次の部分を見ると、神は自己創造をしている。換言すれば、神は生命および物質の顕現として客観的に発展しているのである。

三人の中の第一の神たる天之御中主神《アメノミナカヌシノカミ》はいったん姿を消してからは再び記録の中に現れてこない。直観的な力をもって力説されているこの神の重点は『首《はじめ》』という考えである。詳言すれば、創造的動力というものは自己出発、自己発展をするもので、天上における全能の中心機構の支配を受けないという考えである。神道においては宇宙の運行を支配する天上の中心はない。宇宙自身が、自ら己が将来を創造してゆく客観化された天なのである。

創造の開始を遂げた他の二人の神は、いったん姿を消してから再び記録の中に現れてくる。それは高御産巣日神《タカミムスビノカミ》および神産巣日神《カムムスビノカミ》と呼ばれている。この御名の中で最重要な語は、ムスビで、それは内在的創造力として成長するという意味での生産を意味する。したがって神霊の二様の人格化たるこの二神は、しばしば生産の神または成長の神と呼ばれている。時にはこの二神は成長という一つの根本観念を現すだけのものとして解釈される。ある意味において、その解釈は正しい。なぜなら宇宙のすべての成長は神の自己発展だからである。しかし成長を二神に個別化したことから見ると、成長に植物的方面と精神的発展の方面とを区別しようとしたものと考えてよかろう。

神産巣日神は、神話の後半において種子から穀物を生やす言動力となっている。その御子少名毘古那神《スクナビコナノカミ》は地上に降り給いて、大国主命とともに国土をつくりかためる。ところが少名毘古那神が神産巣日神の御子であることは、久延毘古《クエビコ》によって看破された。久延毘古は少名毘古那神が地上から姿を消された後は、『山田の案山子《カカシ》』（注二十）として知られている。ここにも、地のかためが大国主命による人間の創造的努力であるのみならず、地に穀物を生じさせる創造力であることをも意味することが力説されている。案山子と穀物との連絡の意義は明らかである。神話は、この案山子は『天の下のことを尽《ことごと》くに知れる神』といっている。これは原始日本人が、他の民族と同様に、鳥というものは万人の秘密を知っており、その鳥が万事を案山子に囁いたと考えていたことを示すものであろう。今日でも西洋人は教えてくれた人の名を漏らしたくないときに「小鳥が私に教えてくれた」という言い方をする。

成長の第二の神である高御産巣日神《タカミムスビノカミ》は、神道神話において、天上の支配者である天照大神の協力者となり、高木神《タカギノカミ》と呼ばれる。ここで原始人が特に苦心して表現しようとした根本観念は、その御子の名、思金神《オモヒカネノカミ》によく示されている。この神は『多人数の思想や計画を一心に兼ね備えた』（注二十一）方である。それゆえこの神の御名をもっと正確に解すれば、「思想調和神」というべきであろう。この神は精神的統一を一個の実在と見て、それを人格化したもので、他の神々の顧問である。あたかも現代の「形態」心理学が、統一された全体は部分の総和より大なることを主張するようなものである。

　このように『造化の首《はじめ》を作《な》』せる三人の神は、それぞれ自己発展をしながら、各々異なった方法で創造的神霊を具現しているのである。『造化の首を作』せる後、全く姿を消した天之御中主神は、機械的統制を受けない創造力を表している。第一の成長の神は植物の創造を表し、第二の成長の神は個人的精神統一と、その創造的発展としての一般的精神統一を表しているのである。これら三造化神の次に、神話はさらに他の神々を挙げている。

　それらの神々は互いに独立に自発的に発生し、すべて太初の渾沌から起こり、そして根跡もなく消失している。しかしその名称から推せば、泥土、蒸気、発芽のような自発的発生力を人格化したものであることが分かる。（注二十二）

神霊というものは自己創造的に拡大していくものだという思想は、こうして物質の始まりに関する神道思想においていっそう力説された。さて、その後の二人の神、すなわち伊弉諾尊（伊邪那岐命《イザナギノミコト》）（招きの男神）と伊弉冉尊（伊邪那美命《イザナミノミコト》）（招きの女神）が現れる。この二神は神道神話におけるアダムとイブで、性的に出産する最初の天神である。もっとも後になって伊弉諾尊（男神）はひとりで出産している。神道の神話では、出生方法の差異が明示されているが、これは古神道がなお形成中だったころの原始人の自覚が極めて素朴だったことの証拠である。この混乱は父なる者の認められなかった原始時代には当然であった。今日でも男が子供の父であることを知らずにいる種族が、アフリカやオーストラリアにはいる。トーテムの霊が女に入って懐妊するものと信じられているのである。父性の発見は、人間思想史上の重要な獲得で、それは出産における男子の役割に精神的意味付けを与えるところまで進み、やがてはそこから生殖器崇拝が生じた。神道における生殖器崇拝的儀式は肉欲主義の現れではなくて、男子を通じて子孫を産む生の神秘に敬意を払う一つの形式である。

古代の日本文化においては、女は出産に当たってひとり離れ屋に引きこもった。この習慣は父性というものがまだ知られていなかったころに発生したに相違なく、目に見えぬ神霊によって懐妊したと考えられていた子が、まさに生まれ出ようとするとき、母は地上の雑多の関係から遠ざけらるべきものと考えられたのである。そして父性が認められるようになったときは、この古い伝統は一つの精神的儀式として破壊しがたいほどに確立していたのであろう。この習慣は明治時代に至るまである地方には持続されていたが、これは伝統が日本文化にいかに根強い力を持っているかの一つの証拠である。

社会制度というものは、慣習や偏見の周囲に群がる本能的行為や本能的感情の盲目的な力によって保持されるものである。したがって文化段階の向上は必然的に社会を強固にするというのは本当でない。概説すればかえってその反対が事実で、自然をちょっと観察すればこの結論はすぐうなずける。一つの生命に現れる新要素は、多くの点で従来の本能の作用を不適当なものとする。しかし表現されない本能は分析されていないで、ただ盲目的に感じられる。そこで高い程度の生活によって輸入される分裂力は、くらやみの中で、見えざる敵に対峙することとなる。……信条信仰と革新の自由とを結合できない社会は、ついには無政府状態によってか、または無用なる保護の窒息による生命の漸次的麻痺によって衰亡せねばならない。（注二十三）

これが日本の現状である。新しい要素がその国民生活の中に入ってきた。しかし暗黒の中でこれと対峙している旧来の本能は疑惑の眼を投げられている。しかし古来の信条は依然として残っている。これに対して現代科学は修正の道を供しているが、その修正が根本的意義の変革になってはいけない。むしろ、神道神話を解釈し直して、現代的進歩の新しい解釈と一致する原始的生命観を復興して、創造的活動への新たな霊感とすることができる。神道の中に埋もれている潜在意識的真理を感知させることは、分裂の力を一掃し、心の暗中で争っている盲目的非分析的な本能を明るみに出すだろう。そうして、日本の現代精神と古代文化とは依然として調和を続けなければならない。

注

（一）フロイド「夢判断」（英文）四八六―七頁
（二）Michel de Hontaigne 著 Charles Cotton 訳 'Essays' 第二巻三九九頁

（三）ラフカディオ・ハーン「人生と文学」の中「作文に就て」の章五一―二頁
（四）C. G. Jung の Richard Wilhelm, "Secret of the Golden Flower" 注一一〇頁
（五）Encyclopaedia Britannica 第十四版第二巻四五頁におけるオックスフォード Exeter College の校長 R. R. Marett の Anthoropology の項
（六）Sir James Jeans, "The Mysterious Universe" 七頁
（七）Sir Arthur Eddingtoon, "Physics and Philosophy" 英国哲学協会雑誌、一九三三年、一月号、三八―四〇頁
（八）Sir Arthur Eddington, "The Nature of the Physical World" 一四八―五一頁
（九）クローチェ「美学」（英文）二―四頁
（十）ロンドン帝室人類学会会報一九三二年秋期号所載 C. G. Seligman, "Anthropological Perspective and Psychological Theory"
（十一）Sir James Jeans 前掲書八三―四頁
（十二）B. H. Chamberlain 英訳「古事記」序文第二版四八頁
（十三）W. G. Aston, "Shinto" (Religions Ancient and Modern series の中）三頁
（十四）Arthur Waley 英訳「源氏物語」第五巻三五頁
（十五）Jacques Chevalier, "Henri Bergson" 七五頁
（十六）Chamberlain 前掲書第二版四頁
（十七）ベルグソン「創造的進化」英訳二七六頁以下

（十八）　本書第三章における「神」の語の分析を見よ
（十九）　Chamberlain 前掲書一七頁
（二十）　Chamberlain 前掲書一〇二―五頁
（二十一）　同上六五頁引用の本居宣長の言
（二十二）　姉崎正治「日本宗教史」（英文）二五頁
（二十三）　A. N. Whitehead, "Symbolism, Its Meaning and Effect" 六八―九頁、八八頁

第三章　神道の本義

日本がまだアジア大陸と知的接触を始める前は、日本人の神霊的信仰は名称を持っていなかった。日本人は神と人との間に差別を設けなかったから、名をつけようとしなかったのも当然であったのである。生命の道は神の道、すなわち天の神霊が物質的宇宙に拡充しているものと認められ、その他の存在などは考えていなかった。だから日本語では政治のことをまつりごとという。まつりとは神社の儀式、すなわち祭典のことであり、ごととは事を意味する。政治はそれゆえに『祭事』すなわち『神事奉仕』を意味する。これは、神が地上の活動を支配しているという意味ではなく、人間が直に地上の神霊であるということを意味するものである。

人と霊とは別物だという考えに馴れている私たちには、この事実の深意を理解することは困難である。私たちは神霊的な教説にはすべて、必ず適当な名称をつけるべきものだと考えているから、善悪のいかんにかかわらず、すべての人間活動を霊または神のはたらきとみなす神道における潜在意識的直観に遭逢すると、そこには生命を理解する根本的能力が欠如していると思う。ところが事実は、古代日本における神霊観に名称のなかったことこそ、その真理の直接性を示している。なぜならそれは、すべての生命と全宇宙とは神霊なることを意味するからであって、この考えこそ現代人が理解しようと努力しつつあるところのものなのである。

内省と分析とによって、人が自己自身と宇宙とを理解しようとするとき、霊性を定義して、物質的機械的なものと異なるものとするのはやむを得ないことである。自己意識を持つ精神にとっては、物質が非物質から生ずるということを知るまでは（今日ではこの点を知り始めたが）、生命の起源もまた主観的霊性にあり、決して客観的物質に根ざすものでないということを理解するのはむずかしい。潜在意識的直観は、生命も物質も、ともに我々が霊と呼ぶ非物質的なものにその源泉を有することを知っているようである。太古の日本人は、神道神話の中で、生命が実在について持っているこの種の潜在意識的知識を特に強調している。日本人の潜在意識が極めて鋭かったことが、一方においては彼らの創造力と規律性とを推し進めつつも、他方において、自覚的には素朴で非詭弁的、人種的には非分析的な国民性をつくっていったのである。日本人は外国思想については分析したけれども、自分たちの思想はほとんど分析することなく、ついには自覚的な表現を不可能にするほどの強い潜在意識的な力を持った文化を発展させたのである。

一方アジア大陸においては、自覚的詭弁が発達し、それが原始的直観への直接的呼応を大いに妨げていた。分析のためにのみ分析を愛する傾向が行動欲を抑えた。中国人は『知は易《やす》けれど行は難《かた》し』という格言を用い、賢人は行を去って知に向かうものと信じていた（注二）。このような大陸的詭弁が日本に渡来したとき、日本人はこれを日本固有の生命の概念と区別する必要に迫られた。それが、どのように行われたかは明らかでない。日本最初の歌集たる万葉集は、中国文化が盛んに日本に輸入された時代である七世紀の最大詩人柿本人麻呂の詩を収めているが、それにも『水穂の国は神ながらことあげせぬ国』と言っている。日本の精神的原理については今まであまり討論されていないため、その意味を十分に理解するためには、言葉の表面的意味の奥にまで突き入ってゆかねばならない。

　神道という語は、直ちに流布するにはいたらなかった。もとの名は神《カン》ながらである。ながらは「自然的」「と同じ」「・・から」を意味する。もしも一つの文化が「物ながら」と呼ばれたとすれば、その意味は明らかに「物そのままの」「物と同じ」「物から生じた」ということで、つまり「すべて在るものは物である」という唯物論的人生観を示す。これと同様に、神ながらというのは、「すべて在るものは神なり」を意味している。従来、神ながらは「神のごとき」と解釈されてきたが、その解釈によれば、人間は神のごとくならんと努むべきこと、または人間は本来、神のごとく純潔であることを意味するだろう。しかし神道の固有観念においては、すべてのものは、善であれ悪であれ、その性質のいかんを問わず、神ながらのものなのであるから、こうした考えは神道神話の中には発見できない。

　後に、神道という中国語が充てられるようになった。これを日本語でいうと、神の道である。今その真意を知るためにこの両語の発音を吟味する必要がある。「みち」のみは「至高」または「神聖」を表す尊称である（注二）。ちは「路」を表す日本の古語である。みちというのは「聖なる道」を意味し、「神の道」すなわち神道は、しばしば「聖なる神の道」または「神イズム」と訳される。しかし、原始日本人がこれによって何を言い表そうとしたかを真に理解するには、これ以上の説明が必要であろう。

神道《シントウ》の道《トウ》は中国の老子の教えを呼ぶに用いた道《タオ》から来たものである。古い中国の表意文字では、道の字は、死刑に処された罪人の首を表す毛髪を中央に置いた十字路の形であった。罪人の首は中国では通常十字路に曝されたのである。やがてその字形はだんだんに変化してついに道となった。辵は十字路を意味し、首は人の首を意味する。そこから道の字は「十字路に立つ人」または「宇宙に直面せする人」を意味し、人は十字路に立って、自己の道を選択し、または人生を観察するという意になっているのである。そしてこの字が神道の道なのである。日本人はこの道に加えて、神《シン》すなわちかみを表す中国語をもってしたのである。また道《トウ》をミチと発音することによって、十字路に「神聖」の意を付加した。それゆえ神道とは、神人（すなわち神たる人）が神聖なる十字路に立って己が道を選択するということを意味している。「神聖な」十字路というのは、全宇宙が神霊であるということを意味する。

十字路に立つ人間の選択については、中国の道教と神道との間に根本的な差異がある。道教における聖者は受動的に人生を静観する態度を選び、無為にして至高の徳を求め、人生に対してその霊的価値を拒否する。そういう無為の態度の極端な一例は、二千五百年前の楊子の言にあるように、善をなすことさえ恐れる姿勢である。

名を思うことなくして善をなすも、名は等しく汝に到らん。財を希うことなくして名を得んとも、財また必ず従って到らん。争いを招かんとするの意無くして富むを得んも、争い必ず従って到らんのみ。されば君子は善を為すを慎む。（注三）

知的遊戯としての論理および分析に対する中国人の愛好は、中国文化が日本に伝わる千年も前から、すでに中国思想家を駆って、こうした極端に退廃的なところまで走らせていたのである。この同じ期間の間、日本人は創造力の発展に努力していた。神道は「十字路」に対してもそれを進歩の探究における前進の機会と考え、いたずらに静坐して実在の瞑想にふけらなかった。

十字路すなわち宇宙において、神たる人は積極的に前進する。しかし「神」なる語はいっそうの吟味を要する。神は通常唯一神（God）または神々（gods）と訳される。しかし人間を創造し守護する神の観念は神道には存在しない。神には天と地との両方の意義があるので、この点でも神道は人と神とを区別しないことを示している。かみは字義どおりに言えば上であり、上位の人、または肉体の上部（頭や頭髪）を表すのに用いられる。しかしこの意味のかみの語は、真に他に優越しているという意味での一人の人に適用することは許されない。神道では万人が神だからである。かみの称号を人に与えるのは、その人の優れた物質的地位による。かみという言葉の根本的意義を神霊的に解釈すれば、人はすべて天上から来たということのため優越的地位を持っているということになる。天は通常物質的位置において、また精神的性質上において、大地の上に位するものとして考えられている。それゆえに一般化された神霊的用語としての「上位者」を表すかみの語は、「天上人」あるいは現代的に言えば『神聖なる霊』を意味するのである。

神の語が『神聖なる霊』の概念を包含していることのもう一つの証拠は、神道の神話がみたまの語をよく用いていることである。この「みたま」は尊貴神聖なる宝玉または霊を意味し、また神のことを指すのである。神道では、神はあらみたま（すなわち荒き神霊）すなわち創造力の霊と、その反面であるにぎみたま（すなわち和《なご》やかな神霊）とを持つと説明される。本居宣長は、ある神は、あらみたまで、他の神がにぎみたまであるという誤解をしりぞけ、これは同一神霊の異なった顕現にすぎないと主張している（注四）。アストン氏は『Spirit こそ英語における「みたま」に最も近い意義を持つ語である。……日本の古文書において神の肉体とそのみたまとを区別することは稀である』と言い、さらに平田篤胤の言を引いて、神道神話の最古書である古事記と日本書紀では、「うつしみ」すなわち神の肉体と「みたま」、すなわち神霊とを区別していないと言っている（注五）。このように、みたまは尊貴神聖なる霊を意味し、また神道では神の肉体と霊とを区別していないことを示す点で、日本人および外国人の注釈者は一致している。したがって神と『神聖なる霊』とは同一なのである。

そこから、神道または神の道のさらに進んだ意味は、人間は神聖な十字路すなわち神聖な宇宙において自己の道を選びつつある神霊であるということになる。そしてこの太古の神霊思想の内容を十分に理解するには、「神ながら」と「神の道」とを結びつけ「神ながらの道」としなければならない。こうして初めて太古の直観はその全貌を現してくるのである。すなわち、すべてあるところのものは神霊であり、人間は神聖な宇宙において自己の道を選びつつある神霊である。

これこそが、太古の人々が神道において表現しようとしたところの、（生命が実在について有する知識の）潜在意識的真理なのである。

しかし神道における神霊は、キリスト教の神学でいう全能の神を意味しているわけでない。神道における神霊は、選択の自由をもって自己創造的発展を求めつつある宇宙のすべての様相をいう。したがって神霊は、正道のみでなく、邪道もたどり得る。自己の終局の進歩のために自己を犠牲にしてしまうこともあり得るのである。しかしその結果が善かれ悪かれ、神は常に神であり、神霊は決してその神性を失うことはない。

神ながら、すなわち「すべてあるところのものは神霊なり」ということは、神霊においては、空虚な哲学用語でもなければ実在性を欠いた神秘思想でもない。森林も、野の花も、季節の収穫物も、路上の塵も、塵を落ちつかせる打ち水も、塵に含まれた病菌も、動物も人類も、有益なものも有害なものも、ことごとくこれ神霊である。火、山、海などあらゆる宇宙の非情の物質も、有情の物とひとしく神あるいは神霊である。神道では、自然が神霊に造られたとは言わない。なぜならば神道では、自然と神霊とが二つの実在として存在するのではないからである。自然は神霊が、その主観状態から客観的宇宙として発現せるものなのである。山や海はその内に住む霊を所有しているのではない。一つ一つの物象はただそのままで神霊なのであり、神という創造的神霊の顕現の仕方が異なるにすぎない。本居宣長は言う。

山や海が神と呼ばれる例は多くある。それは山や海の霊を意味しているのではない。山や

海を畏敬すべき物として、それに神の話が直接適用されているのである。（注六）

平田篤胤もこれと同意見で、さらに神の語は「その深さと航海の困難の故とを以って直ちに海に用いられ、またその高峻のゆえを以って山に直接適用されている」のだと付言している（注七）。しかしこれは、神話的直観に、自覚的にある物を付加しようとする一例であって、実は神道においては浅い海も低い丘も、ともに神であるのだ。神話自身は、神が山、海、その他すべての自然となる理由を与えていない。太古の人々は、全宇宙が神であり神霊であるという直観的真理を無条件で容認していたから、彼らには理由などは必要がなかったのである。本居や平田は鋭い批評眼を備えていたけれども、彼らがこれを書いたのは、日本人の自己意識の中に外来の思想が侵入してくることに対し、それ以上の位置に神道を据えようという努力の行われた十八世紀のことである。それゆえ彼らは、神道の難解な点を明瞭にする必要があると考え、部分的には成功はしたが、その反面においてしばしば表面的意味に捉われて曲解に陥った点もあるのである。彼らは字義どおりに解釈するあまり、神はただ高さ、また荘厳さにおいて、優越した力強いものと考えた。

このような二次的表面的解釈は人を誤解に誘う。なぜならば神道においては、高きも低きも強きも弱きも、すべての人、すべての物がみな神なのであるから。太古人の純粋直観では、山や海は神すなわち神霊の宿るところではなくて、実際にそれ自身がそのままに神であった。神の手によって造られたものではなく、それ自身客観化された神であったのである。太古の人々はいかにして、またなにゆえにという説明はせずに、ただ簡単直接な事実を述べたのである。この潜在意識的直観の直接性は、太古人が二元論のジレンマに陥らなかった事実を示している。なぜならば、もし霊が山や海に住んでいるとすれば、これは二元論的考え方を含むものであるが、これに反し、もし山や海それ自身が霊であるとすれば、一元論的解釈が成り立つからである。

数年前までならば、現代科学は、こうした観念に対して、原始人の無知と不完全な想像だとして排斥したかもしれない。しかし今日ではそれはすでに不可能である。西欧科学の最近の趨勢によれば、太古人は根本的には正しかったのである。ただ、太古人の語彙が限られていたために、当時の自覚的説明能力では真意を明白に表現できなかったまでにすぎない。しかしその意味は太古人の活動や態度を導くには十分であった。そしてそれだけのことができれば、その意味はもはや体験ずみである。自然を目して、物質的意味における起源を他に持つものとはせず、ただそのままに神であり神霊であるとする神道の原理に、現代科学は著しく接近してきている。科学はすでに唯物論を粉砕し去ったのである。新しい物理学によれば、海も山もその他宇宙のどの部分も、その本質は物質的なものではない。科学では宇宙を説明するときに神という語を用いず、思想または精神という語を用いているが、この差異は原理の相違というより、むしろ用語上の相違にすぎない。太古人は神の概念によって、思想または精神に関する潜在意識的直観を表そうとしたのであるが、神話は神をして人のように語り、また行わしめているからである。自覚発達の最初の段階では、神の人格化ということによるよりも、もっと適切に、「宇宙の創造者としての心」の概念を展開することはすこぶる困難であったに違いない。他の多くの神話においても、神霊や神がしばしば口をきいていて、これが現代の懐疑主義者に神話の真理性を否定させるひとつの理由となっているが、この否定的結論こそ現代科学の実証によって改められるべきである。もしも宇宙を「精神」として解釈し始めた現代科学が正しいとすれば、太古人が天を会話の行われる場所としたことは、健全なる本能に従ったものである。思想を表現する能力を考えずに精神を考えることはできないのだ。自己創造的な天上の精神は、純主観的な状態においては、事実、何も語らないだろうが、古神道は、神が高天原でものを言ったように描くことで、創造力に精神の概念を付与したのである。現代科学といえども、神道が神という言葉で表した意味以外に、その主張する「創造者たる精神」の意味を説明することはできないのである。

このふたつの概念が等しく表すものは、宇宙が物質から生ずるのではなく、物質が非物質的な創造的精神の一様相にすぎないということなのである。したがって現代科学が、宇宙の根源を「精神」または「思想」という語を用いて表現するならば、神道は同じ意味に神の語を用いているにすぎないのである。

宇宙は、一大機械であるよりも一大思想と考えられ始めた。精神はもはや物質界の偶然的侵入者とは考えられず、むしろかえって物質界の創造者、支配者として讃えらるべきものと思われるようになった。かくて物質は、精神の一被造物であり顕現であるということになって、……従来の霊肉二元論は……ほとんど消滅に頻しているように思われる。（注八）

科学とは違って、神道はいまだかつて、宇宙を「一大機械」とみなし、二元論的考え方をしたことはない。それゆえ神道は、科学と握手するためにその考えを変える必要はなかった。変わりつつあるのは科学であり、また神道に近づきつつある。神道を排して科学の味方をする者の考え方も、用語こそ異なれ、神道のそれと根本的には何らの相違もないのである。現代科学の証拠に照らせば、神道神話を原始人の無知な想像の所産として排斥することは不可能である。生命の潜在意識的な自己知識が表現されることを求めていたので、神道の神話作者は、実在の内面的直観に導かれて正しい道をたどっていったのである。

しかしただひとつ、神道が科学の新発見と異なったところがある。『物質界の支配者としての精神』という考えは、神道的ではない。神道は物質界それ自体が神、すなわち科学的用語をかりれば「精神」であるということを認めているからである。この点で科学は混乱してくるが、神道はあくまで純粋直観に固執している。物質は、一方においては精神の顕現でありながら、同時に他方において精神に支配されるというようなことがあり得るはずはないのである。しかし精神が自己創造によって物質となり、そして自分自身を支配するのだと考えれば矛盾しない。つまり物質の顕現としての一面と、物質の支配者としての一面という二面性を精神には認めないのである。仮にそれを認めるとすれば、これは現代科学が否定しつつある二元論の一種になってしまうではないか。神道神話は全宇宙を神と考えるから、「支配者」という考えを必要とせず、したがって純粋な一元論的立場にある。神道は、いたるところに自己創造的な神を力説しているが、そのどこにも全能な「支配者」の存在は示されてはいないのである。

日本神話には創造についての三つの概念がある。一は字義どおりの「発生」としての概念、二は組織化の概念、三は生育の概念である。（注九）

この三つの過程が創造的進化の実際的な道程であることは、人類の経験が実証している。まず最初に一つの原動力として生命の自己創造的出現があり、次に努力とそれによって得られる経験の結果として組織が生ずる。組織が生じてから後、生育が生命の創造的進歩の最後的段階となる。人間社会はこうして前進するのであり、神道神話はこの過程をかなりの明瞭さをもって描いているのである。神道神話においては、最初に自発的創造があり、発展の原動力が現れる。次に神道は、世界組織化の過程を一つの創造的活動として人格化する。ただし神道には全能な指導神がないから、これは単なる機械的進歩ではなくて、その道程において多くの失敗をなめる難事業である。秩序的自己発展または自然的成長の始まる前は、闘争をもって闘争を克服していかねばならない。

ここにいたって神道は天孫瓊々杵尊《ニニギノミコト》の降臨を記している。瓊々杵尊が高天原から日本に降臨されたというこの物語は、疑いもなく、その遠い祖先から日本に到着した歴史的事件の漠然とした民族的記憶と、人類の起源に関する純粋直観とを交え織ったものである。太古人の心的能力では、まだ人類の祖先の進化を明確に描くことはできなかったのである。それにしても瓊々杵尊が降臨されたとき、これを歓迎したものが猿田卑古神《サルタヒコノカミ》であり、またこの神が尊の先鋒を務めたということは奇体なことである（注十）。後にこの神は瓊々杵尊とともに降臨した有名な舞踏の女神である天宇受売神《アメノウズメノカミ》と結婚し、その子孫は猿の称号を冠している。猿と人とを結ぶこの考えの背後に潜む根本的直観の何であったかは知らないが、この神話の作者が明確に表現できなかった一つの進化論的意味が存在するということは考えられる。しかし、いかなる進化論的思想にも増していっそう重要な点は、一致協力して民族的国民的発展を遂げるために、客観世界に出現する主観的天上的神霊としての人類が瓊々杵尊において人格化されていることである。

瓊々杵尊とともに降臨された神にはまた思金神《オモヒカネノカミ》(思想調和神)があり、これは先に岩戸に隠れた天照大神(天上の女王神)を誘い出そうとして最初に神々が会議を開いたとき、彼らに有効な忠言を与えた神である。神道における神霊的民主主義思想は、この会議から始まっているのである。意見の交換があってのち、思金神はすべての神々の考えを調和し、天宇受売神に略装のまま滑稽な舞を舞わせることを提案し、すべての神々を大笑いさせて、天照大神の女性的好奇心を刺激したのであった。思金神とは、人類の絶対的支配に対する協力的民主主義の支配を神道的に人格化したものである。この神は、瓊々杵尊のもとに政治の責任を委ねられる。そして神道が、この神を、すべての神々の思想を一つの協調的支配力を持ち、全体にまとめる創造的神霊と考えることは、民主主義の観念を非常な正確さと、完璧な理解とで表現しているものである。神道神話のこの部分は、機械的な全能の力に頼ることなく、自力によって物質的に進歩しようとする衝動にかられて地上の活動に現れてくる創造的神霊の原理を、太古人の直観が表現しようとしたことを明らかに示している。

これ以前にも地上に降臨した神々はあるが、彼らは大山津見神《オオヤマツミノカミ》（山岳所有の大神の意で山岳自身にほかならない）のような物質として自己を創造しつつある神霊の人格化であるか、または個人主義の統制化を暗示する未固成神の人格化である。統制が十分な力を得て、進歩的生育の準備ができると、神話は瓊々杵尊の物語を出して人間生活における第三の創造的活動を示している。ここには全能という考えはない。瓊々杵尊は人類を支配するために送られた天つ神ではなく、原始状態から発し、全能なるものの助けによらず、自己生育の創造的努力と経験とに頼って生育していく神霊としての人類を人格化しているのである。神社の原始的建築は、この同じ思想を表象しているもので、人類は神霊として出発しながら、その当初はまだ低い段階で、進歩と不活動とのどちらの道も選び得る地位にあったことを回想できるようになっている。

瓊々杵尊の物語が、古代史からのある要素を含んでいることは、この尊が山自身の人格化である大山津見神の娘と結婚するという神話によっていっそう確かめられる。人が山の娘と結婚するなどということは、原始人の精神状態がすこぶる幼稚だったことを暗示するようにも考えられようが、この象徴的物語には、根本的真理が含まれているのである。もしこの物語が海を渡ってきて日本の海岸に上陸し、そこに住みついた植民者たちの民族的記憶を利用しているならば、この新来の人々がこの土地と結婚したという考えが、明らかに尊と山の娘との結婚の中に表現されているのである。現代人でも、しばしば祖国の岩石や渓谷と結婚するという言い方を用いる。新しい定住の地を求めて海を渡る開拓者にとって、山岳や岩石の遠見は通常目的地にゆきついた最初のしるしである。神道における岩石尊重は、この種の民族的回顧の結果であろう（注十二）。このように神道は、勇敢な開拓者などの定住をもって、組織的生活の神霊的出発を説明しているが、そのことはとりも直さず、神道が、人心の神霊的秘奥に対する深い理解を持っていることの証拠である。現代の米国でも、十七世紀にピリグリム・ファーザーズがメイフラワー号から上陸して最初の第一歩を印したことを記念するマサチューセッツ州のプリマス岩にも、これと同様の意味が象徴的に与えられている。瓊々杵尊の神話が神道の理解者を感動させるのと同じように、プリマス岩は新しい強調政治の開始の象徴として米国人に深い精神的感動を与えるのである。

このことは、今日でも、古代と同じように神道の一要素としてである。十九世紀に日本が立憲君主国になったとき、明治天皇は年首の元始祭によって政治を始めることに特に力を注いだ。元始祭は天孫降臨を祝うもので、年々一月三日に東京の皇居内で執り行われる。一月三日とされたのは、この日が一月四日の政治始めにすぐ先立つ日だからである。すなわち日本のその年の政治の始まる前に、国民的組織を創始して人類の進歩をさらに高い段階に進めようとして無空間の天上から降臨した創造的神霊に、正式の敬意が払われるのである。

神道は、日本国民に与えた影響を通じて、常に、人類の進歩こそが地上における神霊の目的であることを説いている。神道では、生命は根源的目的である。詳言すれば生命とは、自ら創造した物質界において、新しい表現を求める神霊の根源的目的の活動のことである。神道では、人間の個性が誤謬とも考えず、また神秘的な全体の中に没入して初めて価値あるものとなるとも考えない。また神道では、人間が新知識を得、あるいは自らの欲望を満たすために努力することを不思議な神霊的加護、または悪霊の感化の結果だとは考えない。神道は、人間は生まれ出ることによって欺かれたものだなどとは信じない。むしろ地上生活は神霊の望むところである。地上生活は、善悪一切の表現における、神霊の現実相である。つまり神霊は地上的努力によって客観的拡大を遂げるのである。絶えず創造力の更新を求め、絶えずその物質的環境における進歩をはかり、また絶えず変通無碍な活動力の発展を求める神霊――これが神道における生命の中心点である。

神道は、潜在意識的に理解された創造原理を具現するものだから、現在のように日本国民が発展したときにもなお、太古のままの直観力を保持している。ベルグソンの研究のおかげで、現代の人々は、神道における潜在意識的原動力と相調和する創造的活動を、自覚的に理解しようとしつつある。現代人の創造的活動の哲学を精神的意味で知ることは、とりもなおさず神道神話が表現しようとした生命の原始的直観を理解することにほかならない。

生命は創造であり、創造に渇《かつ》している。生命は、その受けた最初の衝動に応じて現在の自己を絶えず更新し、超越しようと努めることなしには維持されないものである。……我々は一つの自由な行為を遂行するたびに、自分の中にこの創造力を経験する。……創造は神代の昔に追放されるべきものではない。それは我々の周囲に、我々の中に、予見できない更新の源泉の中に、また我々の習慣、行為、遺伝、物質が我々を束縛することを防ぎ、これらの障害をかえって刺激にと化す力そのものの中に今なお存在するのである。（注十二）

神道は、このような適当な用語によって自覚的に表現されてはいないが、自己発展および創造的活動に与えるその潜在意識的影響において、これと同じ生命の知識を持っているといってよい。現在の自己の上に出でようとする自己の要求は、絶えず神道の神話の中に示されている。また国民的存在の全過程を一貫して、内なる神道的創造力に応じて行動してきた日本人の歴史の中にもそれは示されているのである。神道はその創造原理に哲学の衣を着させようとはしなかった。創造原理は実際的方法において直接的結果を求める。原始的知識は創造的活動の原動力としての潜在意識的直観を通じて現れる。神道独特の象徴的表現は、その理解がいかに明晰であるかを示しているのである。

　例えば神社のうち最も尊ばれている天照大神を祭る伊勢の皇太神宮には、それに隣してあらみたま、すなわち神道の活動的進歩的方面、創造の原動力を代表する神に捧げられた神社がある。この神社がいかに尊ばれるかを見れば、その重要性もまた分かる。皇室は内宮と同じ供物をあらみたまにも供える。このように神道が特にあらみたまを尊ぶ事実は、創造力が物質的進歩をはかるという神道的見方が、いかに根本的に正しいかを示している。なぜならば、創造的活動力の発展は常に茨の道であり、成功のためには困難と忍耐とが必須とされているからである。進歩の道をふさぐ障害を克服するためには骨の折れる努力が払われねばならない。人類の幸福を進めるには、受動と反動との抵抗に対して、人格の粗野の反面が振り起こされねばならない。神道はこのようにあらみたまに捧げる尊敬によって創造的活動を人格化しつつ、そのあらみたま神社を、絶えず生命と人間性との正しい理解を思い起こさせるよすがとしているのである。

神道においては、同一人において常ににぎみたまがあらみたまに伴う。前者があって後者とつり合いを保たなければ、人間は粗野に圧倒されて進歩を全く物質的な面だけのものにしてしまうだろう。そうとはいえ、あらみたまを発展させるためには、にぎみたまを発展させるよりずっと持続的な努力を要し、また創造的活動のためにはより大きな精力が蓄えられなければならない。神道はこの事実を、伊勢においてあらみたまの神社と天照大神とを結合することによって表現している。なぜなら天照大神は太陽神であり、そして太陽からこそ地上の生命は創造的活動の発展に必要なエネルギーを得ているからである。創造的活動とエネルギーの源泉とが、日本における聖地である神道の中心地で結合され、人格化されていることは決して偶然でない。まさしくこの結合は、生命の創造的活動が持つ原始的潜在意識的知識によったものである。

あらみたまの思想は神道では非常に古いものである。伊勢のあらみたま神社は純神道式の古い意匠によってできている。そして神道神話によれば、この考えは早くから伝説として存在している。神功皇后は朝鮮出発前に彼地の保護神として三柱のあらみたま社を立てた（注十三）。その意味は、皇后が朝鮮の人々に対して秩序を維持し、活動を刺激する日本的な努力の精神を鼓吹しようとしたのである。神功皇后の征伐物語の真偽はともかく、この物語はあらみたまを活動力と解する古代日本人の考えを立証している。後になって、朝鮮から日本に、朝鮮のにぎみたまの果実ともいうべき文化的な影響が伝えられている。しかし朝鮮は、これと交換にあらみたまを振興する利益を日本から学ぶ能力がなかった。そして日本が朝鮮にも創造的活動の教育をするようになったのは、やっと今世紀になってからのことである。神道で万人はすべて神または神霊だからといって、このことが万人が「にぎみたま」「あらみたま」として同様の力を持っていることを意味しない。万人が神なりというは、人はすべて天来の神霊であるという点で同一だということを意味する。しかし創造力の要求する発展の自由、環境と修練の差異、あるいはまた肉体的相違や天分の複雑性など、不平等に導くものは多い。神道で、人は神なりというのは、人が完全であるという意味ではない。地上における神の成功を保証する予定説は神道にはない。なぜならこれは神霊を宿命または全能の神に支配される一種の機械と化してしまうからである。また自覚的思索によってこの原理を容認することも困難である。自覚的思索は、ややもすれば人間を霊と肉とからなる二元的なものと考え、その肉体的部分は不完全、霊的部分は完全と結論しがちであるからである。神道は決してこのような学説を承認しない。

神道の潜在意識的純粋直観は、神霊は物質と霊との二元的実在ではあり得ないことを主張する。物質的形式上の神霊といえども、常に神霊であることに変わりはない。神霊とは客観世界に発動した主観的な天来の霊で、何ら予定された力を持たずに出発しながら、自ら進歩の計画を考え出し、自ら発展の道具を創造し、いかなる場合にもその神性を失うことなく、成功も失敗もなし得るというものである。

生命の潜在意識的自己知識は、生命の源泉および物質性に対する主観的直接接触と民族的経験とによって得られたものである。これは未来についての潜在意識的知識を持つということを意味しない。ただし時々あるように、未来が機械論的な固定的なものとなって過去および現在の事件によって支配されるという場合は例外である。

神道では、今後なお創造さるべき生命の道としての未来を予見する全能な能力は潜在意識的直観の中には決して存在しない。創造力が人を新たなる努力に駆り立てている間は、生命は自己の将来を知らない。さもなければ進化の道程にこれほど多く点在する失敗の経験はないはずである。自覚をして宿命の扉を開かせようとして、将来を予見する秘法を潜在意識または天に探し求めようとするのは徒労である。創造的現在の中には、将来などというものはない。これを探ろうとすることは、経験によって学ぶ努力と困難とをきらう自覚的精神の策略にほかならない。生命は決して進歩の利益を自動的に獲得はしない。ここかしこで、賭け事をして成功した人間がいたとしても、生命自身にとっては、自分を甘んじて機械化し、その自由を放棄しない限り、開くべき宿命の扉などというものは存在しないのである。

神道では、神霊が将来を予見するとは決して言わない。天孫瓊々杵尊が降臨されようとしたとき、神話ではその出発を遅延させたという天の十字路における光りものが何であるのかを、当時の知識では分からなかった。調査してみると、瓊々杵尊に反対などころか、かえって歓迎が準備されていることが分かった。自分に利益になることが、手近なところで現に起こりつつあるにもかかわらず、天神は知り得なかったとすれば、人間がどうして遠い未来を予知することができるだろうか。潜在意識的精神は、自覚的精神で創造するものをあらかじめ知ることはできない。なぜなら、創造の過程には常に何かしら自発的な全く新しい要素が存在しているからである。創造とは、実にこのことを意味するのである。神道がこの考えから離れたならば、それは機械論のために滅ぼされてしまうであろう。占いや、まじないは常に原始文化に伴っていて、それは日本の古代文化にも潜入したが、しかしそれは神道的直観を十分理解しなかったことから起こったのであった。

天宇受売命《アメノウズメ》の天岩戸の前での滑稽なダンスは「神ののりうつり」の風刺的実演であり、そのために神々が曝笑したのだとする若干の理由がある（注十四）。神道ではすべての生命が神霊なりとする以上、神霊がある個人にのりうつるということはあり得ない。古代日本における魔法の信仰は、主として中国の感化によって強められたものである。ところが中国では、日本における神道の創造力のようなこれに反対するものがなかった。そこで日本では絶えず魔法と闘ってきたのに、中国ではこの退廃的思想が勢いをほしいままにしたのである。しかし神道は、潜在意識にあくまで忠実だったために、魔法に対する自覚的要求と衝突することが避けられたのである。神道には自覚的説明が欠如しているけれども、かえってそのために原始的な感化力が保存されている。神道の真の力は常に生命の潜在意識的自己知識に存するが、しかしこのことは、創造的活動の直観とは一見反対に見えるような表面的知識が出現するのを妨げるものではない。しかし我々は、自己を刺激する方法に関して極めて不十分な知識しかないから、人間がとかく占いや、まじないに頼ろうとするのは、原始時代の人々がこれを利用して何かしら得るところがあったからかもしれない。今日でも最も進んだ物質文明の中にもこの傾向が残されている。

ニューヨーク市では、カトリックが自動車業界にまで進出して、聖家族教会は東四十七番街で一九三一年一月八日から毎月六十台の自動車を祝福する礼拝式を始めた。聖水を整列した車台の方向に注ぎながら、司祭たちは次のような祈祷文を述べた。『主よ願くば我らの祈りをきき入れ給え。汝の右手もてこの車両を祝し、またそれに乗車するすべての者を危険より救わん為に、汝の天使の守護を垂れさせ給へ』（注十五）

自信は、人間生活における神秘的要素である。ある人は生まれながらにこれを持ち、また他の人はいろいろな方法でこれを得るのであるが、外部的源泉からの霊感によって自信を得るという方法も無視すべきではない。加持祈祷を迷信とみなすような教育程度の高い人々に対しても、熟練の臨床心理学医は、暗示的療法によって大きな治療効果をあげている。基礎的意味の不明な精神的反応作用の点では、文化人も原始人に近似しているのである。

原始人と同様に文化人もいろいろな煩累に悩まされ、彼らと同様に呪文的まじないを必要としているのである。ただ文化人はもはや、薬袋、護符、動物を犠牲に捧げるという方法でなく、神経病退治薬、いわゆる意志修養法などによって魔法を行うのである。（注十六）

適切なる創造的活動が自覚の能率を高めれば高めるほど、生命はこうした刺激物から離れ、精神はいっそう自信に満ちたものとなる。しかしこのような幸福な時代の来るまでは、精神に自信を保たせるために、人類は依然として伝統的な原始方法に頼り続けるであろう。まじないの使用を阻み、人々に自己に頼るべきことを教えることは、とりも直さず神道の進歩的精神をたどることである。

しかし生命の道はすべて神霊の道であるとすれば、いかに粗野な、いかに誤った活動でも、またいかに高貴強力な活動でも、神道的でない活動というものはなくなるわけである。生命の十字路に立つ神霊の道として、神道には二方面、すなわち潜在意識的方面と自覚的方面とが考えられる。生命の一つの道が神道と呼ばれ、他が非神道と呼ばれることを理解するためには、この二方面は区別されなければならない。人類の創造力と主観的実在に関する生命の知識とは、潜在意識的直観的である。

しかし生命の求める多面的活動と自己発展の拡大とは客観的なものである。ある程度の自覚は、生命の進歩のために必要である。人類の活動は内面的潜在意識力によって支配されるのではなく、主として意識的欲望や客観世界の魅力や幻滅によって振起されるものである。進歩しようと努力すること自体が、潜在意識内の活動力に従っているのであるが、自覚的精神は、この潜在意識の影響を排撃し、その欲するままに独特の生命原理を考え得る。この意味において潜在意識的直観と精神の自覚的表面との間には競争があるのである。のみならず自覚的精神は、客観世界における経験の結果として、解決を要するそれ自身の問題を持っている。また霊性、倫理、人間関係一般に関する顕在意識上の諸問題を解くには、主観的実在の潜在意識的直観をいかに解釈すべきかを理解できるだけの知識を持っていないことがしばしばある。そこで精神の表面に闘争が起こり、自覚的精神は、創造的活動と万物の神性とに関する原始的潜在意識的直観から離れ去るようになる。

表面下、精神の潜在意識的深所の中に、主観から出て、客観的活動のために自己を物質化する神霊として生命を考える直接的自己知識が存在するのである。潜在意識は、この知識を表面意識に与えて活動を刺激し、かつ表面意識に自己の真相を悟らせて霊感を得させようと努める。原始的潜在意識的直観が自覚的に、また潜在意識的に人間に感化を及ぼすとき、そこに神道が生ずる。しかし自覚が、主観的実在の直観にはかまわずに独自の道を進むとき、そこに生命の内面的自己知識とは相容れないものという意味で「非神道」的な道が生ずる。

しかしこの「非神道」という言葉は、自覚が潜在意識的真理とまだ十分に接触するまでにいたっていないという限られた意味においてのみ正しい。根本的に言えば、すべての生命活動は神霊の十字路上における選択として、ことごとく神道的である。神道の否定もまた同時に神道である。なぜならば否定といえども、たとえ一時的にせよ、自覚のある要求を満足させるべき世界観を見出そうとして、生命の表面における実験にいそしむ神霊の道にほかならないからである。我々はある人が忌《い》むべき行為をなすとき、その人が人間であり、また常に人間であることに変わりはないにもかかわらず、彼を「非人間的」と呼ぶ。神道においてもまたしかりである。すべての活動は、その有害有益を問わず、すべて地上における神霊の一つの道である。ただある活動は、潜在意識的知識から非常に遠ざかっているために「非神道的」と呼ばれるのである。しかしながら「非神道」という言葉を用いる目的は、自覚を潜在意識的真理にいっそう近づかせようとするところにある。なぜならば、生命が自己発展を一歩進めようとするならば、この両者は協力しなければならないからである。

真の自己発展を求めるならば、原始的潜在意識的直観が精神の表面に送ろうとする真理を、自覚意識の意志に反してまでこれを受け入れようと強いてはならない。自覚意識は世界に対する客観的理解に従って説得されていかねばならない。それなのに日本人は、潜在意識的直観に甘んじて、その文化の中に自覚意識の拡充および分析作用を発達させなかったため、神道が現代人の自覚意識に訴える力は少ない。神道の本義を現代人に理解できるような表現法で明らかにしようという試みは、かつてなかったのである。創造的活動を自覚的に理解する現代にいたって初めて、また新しい科学の学説の力によって初めて、原始日本人が神話の形式で表現しようとした純粋直観の神道的表現は自覚的に理解されるようになったのである。自覚意識は、今や現存知識によって神道を説明すべく立ち上がるまでるにいたった。人心が生命の生得的自己知識になれていた原始時代に、潜在意識的直観が私たちの先祖に示した生きた神霊的実在の真理は、こうして新しい理解を加えられるにようになった。

注

（一）このことは著者が中国の胡適教授より聞いたところである
（二）加藤玄智、星野日子四郎英訳「古語拾遺」第三版六八頁には divine と訳されている
（三）Lionel Giles, "Taoist Teachings" 一一八頁
（四）Chamberlain 前掲書第三版二八二頁
（五）W. G. Aston "Shinto : The Way of the Gods" 二六、三一、三四頁
（六）Aston 前掲書八―九頁
（七）Aston 前掲書
（八）Sir James Jeans 前掲書一五八―九頁
（九）Aston 前掲書二二―三頁
（十）Chamberlain 前掲書一二九―三〇頁
（十一）このことは角田柳作博士から著者に暗示されたところである
（十二）Jacques Chevalier, "Henri Bergson" （L. A. Clare 英訳）二六四―五頁
（十三）Chamberlain 前掲書二八二―三頁
（十四）Chamberlain 前掲書六九頁
（十五）The Forum Magazine 一九三一年九月号 J. Franklin, "Catholic or Protestant"
（十六）C. G. Jung 前掲書一一三頁

第四章　神道と宗教

神道は、人類の宇宙間に占める地位を定め、または悩める人間の魂に安定を与えるために自己意識の分析的努力として発生したものであるとの証跡はない。神道は、人生について哲学的論理的思索を巡らせもしないし、また人間と神との関係を確立することを意識的な目的としようともしない。

古代人は自己および神の霊を発見し、また神道神話を造って生存の意義を探究しようとはしなかった。古代人の意図は、さまざまな歴史的事件の無秩序な追憶を永久的な形にまとめ、日本民族の系統と発達とを跡づけ、日本そのものがいかに成立してきたかを説明しようとすることにあった。ことの発端は、神霊をこの物語の基礎にしようとする自覚的努力からきたものではあり得ない。なぜなら、古代人は決してこのような精神的能力を持っていなかったからである。むしろ生命が自己自身および主観的実在について持つ直接知識が、神道神話にそのような神霊的特性を吹き込んだものと思われる。古代人は少しの批判能力をも示すことなく、潜在意識的深所より湧き出てくるものを受け入れて、何ら自覚的、論理的援助を求めることなく、できるだけよく、そのものを発表したのである。

つまり神道は、この世の生存の矛盾を自覚し、これを克服しようとする渇望に対して満足を与えるべき霊的案内書ではない。しかし、全宇宙は神霊なりというその潜在意識的実感において、神道は全く神霊的なものである。神道というものは、常に一種の潜在意識的な力であり、沈黙的不可見的原動力として、日本文化を内部から造り上げたのものであるから、生前と死後における人間の地位および宇宙に関する自覚的、神霊的説明を求める人間の要求を満足しない場合が多かった。神道は、その直観的真理を単純化し、分析することをせず、その真理が意識的に理解されることはまれであった。

原始人の精神作用は非表現的であるけれども、そうした制限を超越して、漸次その視野を拡大するにつれて、人類は生存一般や、苦難の理由や、大自然の神秘などに疑問を感じ始める。人間同士の関係は複雑化し、多岐を極め、しばしば敵対的となる。甲が乙に残忍なことをする乱暴な個人主義も発生する。進歩への多難な努力は人の心身を痛めもする。上に立つ者は弱者や愚者を圧迫し、富者はしばしば無抵抗者を押しつぶしてまで蓄財する。大多数の民衆にとっては人生は悲惨の無限の連続にすぎない。これらの事情が発生するのは、人生というものが機械的なものではなく、個人主義と相互主義とがそれぞれ利己的な権利のために努力する以上、経験と実験とによって前進しなければならないからである。このように、人生は自ら犠牲を払いながら進歩する。詳言すれば創造的活動に対する刺激として、自己の無能力なことに対して懲罰しながら進歩するのである。

進歩に伴う苦難は、しばしば人をして前進を続けるのを止めさせる。しかし創造的原動力が停止すると、不道徳と堕落と退廃が機械化した国民や民族を破壊してしまう。幾多の困難にも屈せず、あくまで創造的活動を忠実に続行するために、人間は自信と道徳的勇気とを支持すべき方法を考えなければならない。だが神道は、日本文化の最初の発展期において、悩める者に十分なる助力を提供しなかった。神道は、人生の理解において特に潜在意識的であるため、進歩に伴う複雑な人生に対処するのに必要な精神的支持を得たいという自覚的要求に応じ得る程度までその趣旨を拡大しなかった。万一自覚が休止すれば、人類の遭遇する幾多の不幸や混乱は存在しないですむわけである。日本人の間には、西洋においてしばしば見られる強い自己意識も分析的性向も発達していないが、神道の潜在意識的直観が、主観的深所より説明するもの以上に、宇宙と人生とに関して、もっと詳細な顕在意識的説明を求めようとする強い自己意識的迫力は絶えず日本にもあった。

こうした事情から人々は宗教へと転向する。宗教がどのようにして起こるかというと、人心が客観世界の不安定に悩み、かつ時代の自覚的知識と一致する実在観を求めるとき、自覚的精神が宇宙における人類の地位を満足のゆくようにしようとするのである。人間が物質的存在以上のものであるという潜在意識的直観は、絶えず心の表面に浮かび上がるけれども、人は、自覚的にはそれ以上のものを求める。人はこの潜在意識的知識が、悲喜禍福の交錯する人生の日常経験といかに一致するかと自問する。彼は潜在意識からは得られない意義を探求する。なぜなら、自覚が発達すればするほどそれは潜在意識から遠ざかる傾向があり、また生命が自己について持つ知識を伝達する潜在意識的方法は、自覚にとっては常にその理解が困難だからである。

苦難の十字路に立つとき、人は人生問題の解決を与えてくれる指導者を求める。心霊の問題に関係があるときは特にそうである。心霊問題とは、多くの人生の謎のうち最も解きがたいもの、すなわち主観的感情と客観的行為とをいかに調和させるかという難問を指す。そこで改革者、予言者また新教理の元祖などが興るのである。彼らが苦痛を癒し、また地上の悲惨を償うべき来世での報償を満たすべき原則を提供するとき、彼らは天啓に接するものとみなされ、また神化されるのである。彼らの弟子たちは、自覚的懐疑家によっても争論の余地なき慰藉《いしゃ》の教理を立てようとする。そしてその擁護のために信仰の助力を求める。なぜなら信仰は、破壊的疑惑に対して、なんの解答も与えられないときにも自信を失わせないという貴重な長所を持っているからである。各宗教の開祖は、その時代や環境の所産であるが、彼らは通常その教理に二つの共通要素を結合させている。すなわち彼らは虐げられた者を慰め、その戒律に従って生活する者に死後における満足の保障を与える。またある種の宗教においては、道徳的教訓によって、信者に最も崇高なる生活を営ませ、文化的発展の原動力を芸術や文明に与えている。

宗教こそ真に自己意識に一つの魂を付与したものである。宗教は、自己意識が混沌とした環境の中から進化すると同時に発生したものである。創造的活動の新世界に進出した人間は、世界には畏怖を感じなくても、人間が進歩することの困難さにぶつかった。宗教は、自己発展しようとする潜在意識的創造力の圧迫と、創造的活動の艱難《かんなん》との中から、自己意識が自らを支えるものと希求したことから発生してきたものである。時には宗教は、人を動かして、人の物質欲を満足させるための苦しい努力をさせることが困難であることを見てとって、欲望の抑圧に基づく教理によって苦痛を克服しようと試みた。宗教的教理におけるこの種の進歩的傾向によって創造的活動はそこなわれた。しかし宗教そのものの目的は、常に、自覚意識をして、人間は物質以上のものであるということを悟らせることにより、人類の地上生活における重荷を軽減することにあるのだから、宗教によってこそ、自覚意識は霊的価値と人類の魂とを知り始めたのである。

しかし創造力の勢いが盛んなると、ついには宗教そのものを自分の活動の手段として利用するようになる。そして宗教は、この種の刺激に駆られて組織的運動化し、信徒たちはしばしば俗界の生存競争と同じような闘争を行うことさえある。まるで専制君主が、その臣下に自分勝手な意志を強制するように、権威の力や信仰箇条を強要することによって、人々を圧倒しようとする。思想および行為の自由を保持しようとする人々の心身に対して、熱狂信者が暴行を加えるというようなことまでしばしば生じる。諸宗教の始祖は真理を求めて人生の潜在意識的深所にまで透徹したのであるが、その真理が意識の表面に浮かび出ると、それは多くの注釈家たちの手中のものとなり、彼らは自分勝手な観念に照らしてこれを変形したり、権威づけのために解釈し直すのである。なぜなら、人間は真理によってよりもむしろ権威によって指導されることを望みがちなものであるから。宗教的権威は自ら意味を探究するという骨折仕事から人々を解放してくれる。しかし神霊的真理は、各自が責任を持ってこれを受容することを求める。どの宗教でも、ほとんど決まったように、人間は物質的であると同時に霊的であり、また肉体と物的欲望とは霊的欲望の下位に置かれものであると教えている。人には人間性と霊性と一致しようとする本能があるにもかかわらず、諸宗教は人と神とをこの点において分離するのである。自己意識は常に活動するために分離することを努め、それゆえに自覚した精神は、霊をそれ自体独立した一実在として把握することを求め、空間なき霊を空間的物質から区別しようとする。宗教的偉人はこの分離的傾向に打ち勝とうと努力するが、この種の努力を理解することは自己意識にとってとても困難である。

しかし人類の活動がより能率的となり、また教育が普及するにつれて、霊的進歩の道程もだんだん容易になってくる。人心はいっそう強い自信を持つようになり、宗教的な権威力は減少する。人類は自己の内面に精神的慰安を求め、内面的感応によって自分自身を知ろうと望む。しかし各個人が、自分の理解力で霊的真理を認めようとするこの種の求道には、僧侶の助力を必要とする。なぜなら度量の広い僧侶は、一定不変の信条が霊性を独占するものでないことを知っているからである。現代の医師が患者を治療するに当たり、その真の治療者である大自然に助力を求めるように、現代の僧侶も、各人が自分を霊的に治癒してゆくべき責任をいかに採るべきかを教えることによって、現代の新しい精神的受容に応じてゆくのである。

我ら自身の霊魂を明らかにすることが万事の根本である。（注一）

既成宗教が今まで人類に与えた利益は、人類の霊性が遭遇した過去の危機においてはしばしば決定的重要性を持ったものであるが、将来においてもそうであろう。人類の致命的要求に対して精神的慰安を与え得る熟練の僧侶階級がなかったならば、専制や独裁に対して自己発展を追求する努力をするとき、人類が果たしてその苦痛に耐えられるか疑わしい。人生を理解しようとする自己意識の初期の努力に際して、人間性の活力を信じさせるものは、主として宗教の賜なのである。

しかし、神道はこうした組織的方法によって自覚的要求に応じることを求めなかった。人心の表面的要求に応じるために、これを一つの教理的形態に造り上げようとしていたならば、むしろ神道の潜在意識的直観としての感化力は危うくさせられたであろう。神道は宗教的倫理的外来思想に対する日本人の反応の上に、潜在意識的には重要な影響を及ぼしているが、自覚的にこれらの思想と張り合おうとはしなかった。日本人が文化的に大陸から孤立していた日本の発展の初期においては、神道の潜在意識的な力は人生の幾多の苦難に対して倫理的態度をとらせるには不十分であった。神道においては清浄を重んずる。また生ける実在に対して強い関心を持つのだが、これらのことはすべて自覚的に理解されていたのではなかった。その結果として、不浄ということについて間違った概念を持ってしまった。すなわち、

伝染病患者を見て起こる嫌悪の感情・出産時の出血・大罪の犯行・遺骸の存在などは不浄の念と結合されるにいたり、これは一方においては浄化の厳格な祭式を要求するとともに、他方においては、不運なる人生の犠牲者に対して人の心をかたくなにし、しばしば心なき残

虐をもあえてせしめた。紀元六四六年に出された孝徳天皇の詔勅には、浄化に対する謬見に基づいた以上の如き種々の弊害が列挙され、これらは特に厳禁されている。したがって人間のやさしい同情心が一時無情冷淡になっていたことは、かの仏教が、人生のあらゆる浮沈における万人への同情および死後の希望の福音をもたらせるとき、これに最も適当な地盤を与えることになった。(注二)

当時日本人が倫理的に不活発だったことは、決して彼らの性格の道徳的欠陥のゆえではなかった。そうでなければ仏教や儒教があんなに熱心に迎え入れられはしなかったであろう。その責任は、神社の内面的真意に表現を与えようとする、自覚的分析力の欠如にあった。すべての人を神霊なりとする以上、無経験の欠点や、無知の誤謬を克服しようとするのは神道における当然の態度である。それなのに、この種の教理は日本には全く発達しなかった。神道は常に潜在意識的であり、その意味を説明するには漠然としていたからである。仏教や儒教が日本に渡来したときは、すでに千年以上の自覚的発達をとげた後のことであったから、両者はその当時の知識に照らして、自覚意識によって理解できるような宗教的倫理的原則の高度の法典を持っていたのである。

しかし、日本に、絶えず創造的活動と天孫民族的伝統とに忠実であろうとした神道の潜在意識的直観がなかったならば、仏教も儒教も、進歩促進の力になるように解釈し直されることなく、大陸的退廃が、この島国にも根を張ったかもしれなかった。

神道の自覚的表現の欠如が、日本人の自覚意識に外来思想を自由に鋳直すことを可能にさせたのである。のみならず、古代日本人の素朴な精神と神道の中に宿る生命に関する直接知識とは、大陸の行き過ぎた詭弁によって萎靡《いび》してしまった儒仏両教の真意を日本人に識別させることもできたのであった。こうして両教の教理を再解釈することによって、日本人の表面意識は安心した。なぜなら神道は、信仰箇条や形式的倫理学や神学を全く持っていないから。神道はある種の儀式は持っているが、それも決して宗教制度的なものではない。神道には神というものはない。なぜなら人間と神霊とは同一物であるからである。全宇宙は神霊にほかならないという潜在意識的真理の基礎の上に、また生ける地上の神霊は、天上の時代から現代にいたるまで一貫して自己発展を続けてきた神霊に対して尊敬を払うべきものだという潜在意識的真理の基礎の上に、神道の儀式は立っている。

時には人々が、自分らの発意によって神社内で宗教的な礼拝を行うこともあったが、これは必ず一つの個人的行為であったので、神道の真意にはそむくものである。人と神とが同一者なりと考えられるところには、敬意を示し、または自覚的精神をその霊性と神的起源とに集中するための形式はあっても、礼拝ということはあり得ない。もし全能神の考えが神道の中へ押し入るとすれば、宇宙を神（すなわち神霊）であるとするその原始的概念の真意が変更されなくてはならなくなるであろう。その結果は、人類を物質界における神（すなわち神霊）であるとする神道原理を没却し、人為的教理に基づく二元論的観念を出現させることになろう。しかし潜在意識力としての神道は、人と神とは二者にあらずとの直観的知識から決して逸脱したことはない。人間は常に地上における神霊である。宗教において考えられているような、全能にして、その純粋性において不可変な神霊というのではなく、創造的活動によって自己の途を開拓し、発展してゆく神霊である。この地上の神霊は、不断の努力によって初めて自己の清浄性を保ち得る。それは自らの清浄性を創造するのである。ただ経験の欠如、または進歩を求める実験的経過において一時的に不浄の状態に導かれることはある。神道は、清浄性というものは、神霊を機械のような無垢の状態に自動的に保存してゆく機械的過程ではないという直接な直観的真理をよく理解していることを示している。浄化には努力を要する。――この考えは、自覚的精神を堕落の中に沈吟《ちんぎん》させないようにする不断の理想である。神道での頻繁な浄めの式は、進歩を追求しつつある地上の神霊にとって、不浄はその発展を妨げるものだということを絶えず自覚意識に想起させるという意味を持っているのである。時には形式主義が神道の浄めの観念の中に混入して、この根本的意味が一部分失われることもあるが、神道の根本概念が人と神（神霊）とは同一であるとする限り、いかなる場合にも礼拝という考えは浄めの式と結合され得ないのである。

神あるいは神霊が不浄なこともあるとする神道の考えは、人間を全く完全無垢な神性から離れ住んでいる一部分物質的な存在とする宗教本来の伝統からは、不思議に見えるかもしれない。これは神道が真の霊性に欠けていることを暗示するとも考えられようが、実は神道はその理解において全く霊的のものなのである。もしも全宇宙が神霊であるとすれば、不浄なものも清浄なものと全く同等に神的でなければならない。宇宙が一元的であり、人間性がその起源において霊的なものならば、生命の意義はこのほかにはあり得ない。自己創造的な神霊が自己の途を自ら開拓せねばならず、しかもその途が機械的、つまり予見を許せないものであるとすれば、その結果、誤謬や過誤は当然起こる。もしまた神霊が自由であり、またそれが進歩を求めるとすれば、冒険もやむを得ない。進歩は試練と過誤の経過から起こるものだからである。人心はこれらの失敗によって動かされ、ついにはこれらの失敗には、二元的性質、すなわち不浄の根源である物質と常に人間性を浄化しようとする霊性とがあることを示すものだと考えるようになる。この考えは、神道に現れた原始的直観ではない。神道によれば、人間は地上における神である。しかし自覚的精神や神霊の客観的活動を汚すこれらの不浄は、神霊が進歩と自己発展を遂げようとして実験的な試みをするとき、自ら造り出す新しい環境における自己の未経験と自己創造的知識の欠如から生じたものである。それは生命が絶えず排除しようとしている廃物である。神道の浄めの式は、人心のこの廃物除去を助けるものである。しかしその儀式は、自己の自覚的精神を浄化することによって、一つの神霊が他の神霊を礼拝するということを意味しているのではない。

（神道における）礼拝は、人間に対する礼譲と敬意とを示す形式でもあり、また神々を畏敬するための形式でもある。全く、後者は一つの別種の礼拝ではなくてほとんど同一要素の新しい適用形式に過ぎない。神々の礼拝におけるほとんどすべてのことがらは社交的敬礼の諸形式から借用されたものである……神々に対して畏敬の念を示す最も簡単で普通な方法は頭を下げることである。（注三）

人間と神霊とは同一であるとする神道の思想を、これ以上明白に示すものはあるまい。礼拝とは、天来の神霊に対して敬意を表明するのであって、超絶神への礼拝を行うのではない。神霊は社交上の敬礼と同じ方法で自分自身の神性を尊敬するのである。ただその尊敬の対象が天来の神であるときは、神霊の客観的自己発展を促進すべき地的神霊としての責任の自覚を強調する一種特別な理想主義的な精神態度があるだけである。我々は、感銘し、愛着を覚ゆる生ける人々に対し敬意を表する。それと同様に神道においても、天上の神霊とその神霊の地上における継続に対して敬意を表する。故大隈侯は神社において持すべき態度を表明して、それは普通の意味における宗教的礼拝であってはならない、敬神でなくてはならないと言っている。

祈祷によって疾病を駆逐せんとし、あるいはまた繁栄や幸福のために祈るが如きは、全く迷信に過ぎざるもので、敬神の本位に悖《もと》れるものである。敬神は宗教的信仰の一種ではない。（注四）

神社の前で柏手《かしわで》を打つことは、神社の神霊の注意を自分の方に向けようとする信心を意味するものとしばしば誤解されているが、アストン氏は柏手において敬意を表するという古来の一形式であることを指摘しているし（注五）、また子供のみならず大人でも急激な歓喜を表すときに柏手することは今でもよくあることである。神社における食物その他の捧げ物も、無形の霊の肉体的満足のために供えられているものではない。これらのものは、自分自身を生みかつ支持してゆく生命の神秘に対する敬意の表現と解釈されるべきものである。これを在天の神霊の満足のためと考えるのは一つの迷信にすぎない。

古神道においては供物は敬意の印として考えられ、神自らがこれを食し、着、またはその他の方法で享受するものとは考えられていなかった。（注六）

神道には宗教的意義における祈祷というものはない。なぜなら祈祷は、人間が自分とは離れた神に向かって請願することだからである。しかるに神道は、人と神とを分離しないのだから純粋な神道では宗教的祈祷は不可能なのである。神官は祝詞《のりと》を唱えるが、これは一つの神霊が他の神霊の助力に対し敬意と謝意とを表する形式だということにとどまり、人が他人の助力に対して感謝するのと同じようなものである。なぜなら、神道にとってはすべての生命は相連続した行為であり、現在の我々にとって有益な助力になった過去の神霊の行為に対して、我々は感謝せねばならないからである。我々の摂取する食物は、一つの神霊を支持する他の神霊であり、これによって利益を受ける神霊の中心である我々は、この助力に対し謝意を表すべきなのである。祝詞は人が神の加護を求める嘆願でもなければ、救済の祈願でもなく、また天よりの恵みや死後の報償を求めるものでもないのである。

神道は生命のための準備であり、宗教は死のための準備である。日本では結婚は通常神式によって行われ、赤子は宮参りに連れていかれる。結婚も出産も生命の更新だからである。葬式はほとんど常に仏式またはキリスト教式によって行われる。神社には墓場がない。神式の葬式が行われる場合には、遺骸は神社内の神体と同位置に据えられ、人霊と神霊の間に差異ないことが示される。

神道は死を嫌悪する。正統神学からいえば、生命は自己を神霊から引き離す物質的な不浄分子を持っているが、死は魂が地上の誘惑から離れて純粋な霊界に入るものとして、一つの神聖な意味を持っている。神道はこの考えを逆にする。神道は死を不浄と考え、生命を神霊が正当な自己発展によって自己を浄める場所だと考える。神道では、神霊がその客観的人格を最高の形式で表現する勝利の印として、個人の生命が地上に永久に存続することを求める。神霊は、まだ地上において自己の人格的体現である永久的生命を創造する方法を発見しない。しかし、

人がもし改良を欲するということであれば、極めて合理的に予期し得べき改良として、我々は万病を実際的に征服し、それによって人命の延長をもたらすということをあげ得る。人がなぜ死なねばならないかは、すでに一つの神秘と考えられるようになってはいるが、今日死の征服を約束することは尚早に失する。民族が不死なのに個人はなぜ死なねばならないのか。個人もまた自ら自己を修繕してゆく機械のようなもので、今日の機械が持っていないこのような秘術を一度体得すれば、なぜその肉体は永久に自己修繕を続行し、またそれによっていっそう老練にさえなり得ないのか。なぜ肉体は一定期を過ぎると生きて行こうとする努力を弛め、自分自身の活動の不要な産物によってだんだんと動きが悪くなり、ついには活動を止めて自然的に死んで行かねばならないのか。（注七）
地上の神霊が死を征服できるとすれば、すべての宗教はその霊の概念の変更を余儀なくされる

だろうが、神道だけは違う。創造力が人命を無制限に延長する方法を発見するとき、神道の死を不浄とする概念は初めてその真意を明らかにするであろう。なぜなら、神道は人の生命こそ神霊の客観的拡大の最頂点とする考えだから、死はその進歩的発展に対する最大脅威なのである。神道は無限の個人的自己発展によって一般の進歩を促すことにより、また今日民族存続の保証としての人口過剰に注がれる努力の浪費をなくすることにより、死というものが地上になくなるときを予感している。

神道神話の中で最も生彩のある物語は、伊弉冉尊《イザナミノミコト》（キリスト教におけるイブに当たる）が、火の神を産んで、よみの国に退いたとき、最初の死が現れたと語っている。この神話は、彼女の夫である伊弉諾尊《イザナギノミコト》が、いかに彼女を求めてその帰還を嘆願したかを物語っている。伊弉冉尊は伊弉諾尊が彼女の死体を見ないことを条件として、この求めに応じた。ところが伊弉諾尊は彼女が来るのが遅いのに耐えかねて、ついその死体を見て、驚愕し、逃げ出した。よみの霊と伊弉冉尊とに追跡されたが、かろうじて彼らの復讐に燃える激怒の厄を免れた。この神話は明らかに夢物語の形をとっている。幾百万の夫がこれと同様に亡妻の跡を黄泉《よみ》路にまで追っている。よみの語原は夜である（注八）。睡眠中、妻に先立たれた夫は、夢で亡妻の墓所にまで運ばれる。妻に生還を嘆願して、夫は夢の中では妻から約束を得るが、しかしこの約束どおりには亡妻は姿を現さないので、夫は妻の墓をひらき、その光景に恐れ、亡妻の創造的悪夢に追跡されつつ逸走するのである。こうした事件は何も怪しむに足りない。死の不浄さを強調し、それは夢のように平凡な経験であると考えることは、神霊の客観的領域としての生命に固執する神道的欲求の特徴である。この物語が夢を根底としたであろうと思われることは、伊弉諾尊がその生還の願いが徒労に帰したのち、ひとりで数児を産んでいる神話的物語によっても暗示されているのである。

しかし神道においては、死は霊の消滅を意味しない。肉体の衰滅は、神霊が地上の活動のために、自己を人格化した肉体の形として保持してゆけなくなったことを示すものである。それはまた、肉体がもはや創造的活動のための十分な活力を維持することができなくなったので、生命を創造的進化の新しい実験に進ませるための準備でもある。また神道は、地上の努力が終わったと同時に神霊も滅びるものだとは説かない。なぜなら死の住家であるよみの国は、伊弉諾尊が伊弉冉尊を見出した場所であるように、寂滅の場所ではないからである。しかし神道の要点は、この生ける宇宙における神霊の客観的自己発展にあるのだから、個人の地上生活の後に何が起こるかについては思索をめぐらさない。神道は生命が生き抜いていくことを欲し、死することを欲しない。自覚意識にとって、この態度を宗教的に理解することは困難である。人類は生命の消滅の不可避なることを知り、地上のきずなが解かれるとき、精神的慰安が与えられるようにと求める。つまり、宗教は安心を求める人々に対して死別の悲しみを和らげ、死に臨んで平和な心を失わせないような霊的慰安の方法の案出に重大な役割を演ずる。しかし神道は、死の苦痛に免疫になることを求めない。神道は、自己慰安の途については自覚意識に一任し、神霊は自分のために生ける活動を求めるという潜在意識的直観を強めることに全力を傾倒する。

神道における樹木の尊重も、神道の古代からの生命重視を思い起こさせるものであり、また同時に人間のみならず大自然もまた神霊であるとの承認である。神社の周囲に鬱然《うつぜん》とある緑の樹木は特に神化されたものではなく、また「自然崇拝」と樹木尊重とが結びついたものでもない。樹木を「神木《しんぼく》」と呼んでもこれを特に聖化しているのではなく、ただ全宇宙は生ける神霊だという神道観念の力説にほかならない。神道は、物質的表現における神霊の成功を、あくまでも生命の地上における自己発展力において見ようとするために、力と勢いとを表す大木は神社を取りかこむのに最もふさわしい象徴であり、したがって神社の周囲には常にそうした摩天的な威容が見出されるのだ。

一般的には、樹木は生命力を示す程度に応じて神聖視されるものといえる。科学未発達の時代の人は、老齢、巨体、特別な持久力、（例えば常緑樹が四季を通じて緑色を変じないような）または見る人に一種異常な覚醒的態度を呼び起こすような奇形とか卓抜した特異性とかに接すると、彼らはそれを以って異常なる活力の存在の証拠と感ずる。……神道独特の神木は日本語では榊《さかき》と呼ばれている。……古来榊を神聖視するいわれは、疑いもなくそれが常緑樹であるという事実に帰する。……榊の語源は明らかに「栄える樹」である。……事情は今日では昔とは違っているけれど、結局我々の大多数にとって、樹木には何か畏敬すべきもののがあることは認めざるを得ない。今日、我々の地上の観察の届く限りにおいて、生命の最大最古の具現は樹木である。樹木よりもよりよき更新、再生、耐久力の象徴がどこにあろう

か。昔の「生命の樹」は近代人にとって少なくとも生命の一つの象徴となるであろう。（注九）

直立不動、逆境にも嵐の中にも花開き、かつその旺盛なる生命の保護者にその潤沢なる繁栄を分かつ神木は、人をして絶えず善行を思い起こさせるものである。神社に参拝すると、その前に榊の一枝が小卓に載せられ、その幹は神社に、その枝葉は外側に向けられている。このように、神霊の主観から客観的宇宙にと突入するという生命の神道的観念が表されているのである。またこのようにして、人間のみならず万物はすべて神性を持つという真理に注意が集中されるのである。神道における樹木尊重は、さらに、過去は現在へ与えたその影響によってなお存続するという意味を持っている。なぜなら老齢は、神木によって生じた霊感をいっそう深めるものだからである。

また神道は、生命の起源が非空間的な神霊の世界にあることを祖先崇拝によって力説する。神道においては祖先は礼拝の対象ではない。神道における祖先崇拝の根本概念は、人間の霊性に基づいている。先祖以来の系統をたどって、生ける個人は神霊の原動力にまでさかのぼる。地上生活から逝った近親は、特別の祭式で追悼されるが、祖先崇拝の根本概念ははるかそれ以上のものである。一切の生命はその進化形態のいかんにかかわらず、その先祖を通じて非空間的な天の純粋な霊性につながっている。大切なのは形態ではなく、その天上的起源である。この考えは、日本の小学校で教えられる次の歌に表されている。

我もまた高御産巣日の末なればその中ごろはとにもかくにも

高御産巣日神《タカミムスビノカミ》は、天上にその起源を有する神霊の創造的成長を神話的に人格化したものである。したがって祖先崇拝は、最初の祖先、すなわち人類の神的起源を思い起こさせようとするものである。この概念を理解せずに、神道を祖先崇拝教だというのは、神道の根本原理を誤るものである。神道は人類の祖先が神にさかのぼること、すなわち人と神霊とは一つであるという潜在意識的な原始的直観を表さんがために、祖先を崇拝するのである。神道によれば人間はすべて神性を有するがゆえに、日本人は互いに包括的な大家庭の家族として結合されていると考える。したがって日本国の過去の偉人に対する崇敬は、神として人格化された天上の神霊をもその成員として包含する霊的一大家庭として考えられた日本国民の祖先に対する崇敬である。

現在のできごとを祖先に報告するということも、神道が、現在と過去とは霊的には分離されたものでないから、祖先は子孫の事業に対して責任を分かつ権利があるという概念を表明する一方法である。こうした報告は、過去の迷信とははるかに趣を異にしている。この伝統は単なる形式にとどまるものではないから、一つの実際的意義を持っているものである。これは人間が神的起源を有すること、また人間の連続的努力の一過程であるということの現実的理解に基づいている。

個人は単に現状のみの代表者として活動するのではなく、彼の家および国の祖先にいろいろと関係のある運動を促進しているのだと考えることは、その人の責任をさらに重大なものとするものである。記憶によって現在は、過去および天に対して一種の義務を負っているという事実に思いいたれば、個人主義に満足していられない。こうしてこの神的伝統は確固不抜のものとなり、個人および国民を強くする。時事を祖先へ報告することは、さらに神道においては天上の神および死者の霊が将来を予知し、または統制する何らかの魔力を持っているという理論に加担しないことを示している。もしも非空間的な神霊にこのような将来を支配する力があると仮定すれば、その神霊に既知の事件を改めて報告する必要はないであろう。この点においても、またその他の点においても、神道は祖先を神化しているとするのは誤った推定である。全能神に対するように祖先に祈願するということは神道の流儀ではない。

神道は、いかなる形式の有神論をもっても説明できない。有神論的教理は、神を、人と離れて宇宙を創造し、支配し、また救済や死後の望ましいある種の満足を与えるか否かの鍵を握る礼拝の対象と考える。神道によれば、神霊は宇宙を造るものでなく、宇宙そのものである。神霊は宇宙を支配するのではなく、宇宙そのものとして自己創造的に拡大する。なぜなら、支配とは全能の機械装置を意味するが、創造とは新しい物を生み出すことを意味するからである。神道においては人と神とは合致しているから人は神を礼拝もせず、また超絶神の手から救済を求めもしない。

神道においては、二つの実在、すなわち神霊とそれを入れている宇宙とが対立するのではないから、神霊は宇宙に内在し得ない。思想は、その思想を客観化する言葉に内在していない。なぜなら、思想が経験欠如のために不適当な言葉に自己を表現する場合においても、思想が客観化した主観である以上、思想と言葉とは同一であるからである。思想は言葉以上の何物かを含み、したがっていろいろな言葉をもって矛盾した自己表現をすることもあり得るが、言葉は思想と違ったものではあり得ない。神道には拝観や礼拝のための神像というものがないから、偶像崇拝教ではない。また神道には超絶的に宇宙を創造し支配する神なるものがないから、一神教でもない。またいかなる神をも認めないから、多神教でもない。神道はまた汎神論的でもない。なぜなら神道は、自らを宇宙と同一視する全能な論理的原理を認めないで、神霊を、自ら宇宙として自己創造をなす生ける実在と考えるからである。

神道はまた神秘主義から発生したものでもない。なぜなら神秘主義とは本来自覚的なもので、表面的論理によって満足を得ないとき、潜在意識にまで進み入ることによって生存の意義を求めようとするものだからである。神秘家は潜在意識的深所に達し、神的真理を感得するかもしれない。しかし、彼らは常に神より離された個人としての自覚的表面意識に立ち帰り、潜在意識において発見したところのものを、自己の個人的環境や教養を通じて説明すべき霊感を与えられたと考える。

潜在意識において発見された単純な真理が、これに宗派的意味を与えようとする自覚的努力によって歪曲されてしまう。神秘家は神霊が一であることを悟り、この点で神道の普遍主義的観念を示しているが、神秘主義的経験が特定の表面意識的教義に一致しようとして個性化されるとき、自覚意識の分離的傾向がそこに侵入してくる。神道は決して自己を説明しようとはしなかったから、神秘主義にもならなかった。世界と人生とに対する本能的活動と態度とに表現される人間性は、その活動方法が自覚意識にはいかに神秘的に見えようとも、決して神秘主義的原理ではない。

神道においてもそのとおりである。

一方、神霊とは宇宙そのものなのだから、宇宙の単なる一方面を超越しており、したがって三次元的顕現以外の種々の方法によって自己を拡大し得るという意味において、神道は超絶的意義を持っている。しかし神道は、宇宙を創造し、同時にその被創造者以上のものとしての何らかの宇宙創造者を想定する意味においては超絶的ではない。人は限りなく多方面の活動をなし得る能力を有するから、現在の努力を超越できるのである。そしてその努力と彼とは同一である。神霊は一切を包括するものだから、神道は神霊を人間にして、しかも人間以上のものだと考える。しかしこのことは、人間をして神霊以下の何者にもするわけではない。他の表現においては、神霊は自ら人間以下のものとなることもあるが、その相違がいかなる形をもって現れようと、「人間以下のもの」は人と全く同一資格で、神霊そのものなのである。

神道においては、神霊は、その個人的自己表現を超越する。つまり創造力拡大の概念が存在する理由がそこにあるのである。神的創造力は自己発展の無限の可能性を有し、空間的でもあり、非空間的でもあり、主観的でもあり客観的でもあり、潜在意識的でもあり自覚意識的でもあり、要するに超絶的である。その客観的拡大において、神霊は全く新しい活動、欲求および環境を創造してゆく。同時にこの創造力はこれらの個々の活動を超越し、それ以上のものである。しかしこの「以上のもの」を、静的な不可変的全体と考えることは神道的ではない。なぜなら、この意味において不可変的だといえば、絶対性と全能性とを包括することになるが、神道は静的なものを創造的なもの以上の地位に置くいかなる原理をも拒否するからである。

神道は、神霊の個人的表現と並んで、神霊間に協調が存するという強い潜在意識的直観を示している。しかも個人の創造的自己発展がいささかもそこなわれないように、統一ということが注意深く説かれている。最高の天上神たる天照大神の神道における特別地位、天皇の人格におけるこの考えの発展、神道の感化による日本民族統一の無比な連続性、すべてこれらは、神霊が統一的全体において調和されていると考える神道概念を証明している。しかし天照大神は個人主義的に人格化され、天皇はそれぞれ個別的人格を有し、日本民族もまた個性を有する。各人の諸活動は各人の個性的表現である。同時に彼はそれらの活動の調和的中心として、活動を増すにつれて、その調和もよりよく保つのである。これと同様に、神道においては神霊の調和と個人主義とがおのおのその独自性を保持しているのである。

神道における超絶主義も、また統一的全体の直観も、最高神というような考えを含んでいない。神道の有するもろもろの意味は分析されたものではなく、信仰箇条や教理の形式によってではなく、潜在意識の深所から内面的に感化を及ぼす原始的概念なのである。教派主義は神道には全く存在しない。なぜなら教派主義とは、生命の表面的要求に応ずるため形式化された一つの自覚的運動であるから。神道は、その世界観に対する自覚的要求を満足させるようには、生命が主観的実在について持つ知識を説明しない。したがって日本人の考え方には、生命に対する二つの態度、すなわち潜在意識的なものと自覚的なものがあるとしても不思議ではない。

神道は、生命が自己および物質について持つ最深知識の潜在意識的流れである。しかしこの流れは絶えず人生の流れの底を流れている。神道は日本人の精神を、人の祖先は神であり、全宇宙は神霊であるという事実に共鳴させ、さらにまた創造力を刺激する。そして、これら潜在意識的感化が有効になるためには決して自覚的に感得されるべきではない。それが自覚的に悟られれば、その効果はそうでない場合よりいっそう明確なものであるかもしれない。しかし自己意識がその感化を否定する場合においてさえ、この祖先以来の伝統は依然としてその感化力を持っているのである。なぜなら日本では、日本そのものの中に生じた潜在意識的な民族の直観の勢力が強く、外来の自覚的生命原理は十分にその支配力を振るい得ないからである。

自覚の表面においては、日本人は、自分自身の文明の表面的要求に応ずるために、他国の文化からその生命および倫理原則の説明法を輸入した。これらの自覚的学説は、日本人の強大な活動力に応じ、人は神的起源を有すとの神道観念に応ずるために重要な点に変更を加えられたが、その変更も潜在意識的に行われたもので、何ら分析的意味でなされたものではない。外来の諸説はその元来の表現法を維持してはいるが、その意味は、これに対する反応によって修正されているのである。

こうした二つの運動は、それぞれ自己の影響範囲を保持しながら、水準を異にして存在している。国民精神は神道であり、生命の自覚的説明は外来のものである。日本民族の危機に対する直観的解決と民族の最深感情とを表すものは神道であり、表面的表現法は外来のものである。日本人はかつて自己を徹底的に分析したことがなく、また生存の意味をありありと感得させる神道の深遠な力に対して、十分な自覚を喚起したこともない。それが日本文化の上にこれほど永久的かつ深甚な感化を及ぼしたかを理解するには、よくよくの吟味を要する。表面的信仰箇条が勢力を持っているのは、その信仰箇条の所説が、苦悩の世界に平安をもたらすべき霊的知識に対する魂の渇仰を満たすからである。

それゆえに日本人は、仏教徒、キリスト教徒または儒教徒たると同時に神道者であり得る。日本人は、自己の自覚的要求に応ずる何らかの宗派に帰依するか、またはそのいずれにも帰依せずにいられる。同時に日本人は、古来の神的直観に対する潜在意識的反応において神道者であり、この直観は原始時代からの暗々裏の伝統的遺産となっている。精神の自覚的要求は人により時代により異なるが、この潜在意識的直観は、神道の神話に表れている根本的知識（実在に関する）から少しも外れない。神話を読んでも分からないか、または全く神話を読んだことのない日本人でも、なおこの潜在意識的知識を持っている。なぜならそれは、民族的記憶の中に刻印され、また分析されずに伝統化された生活形式の習熟によって、幼時から心に染み込まされているからである。およそいかなる民族でも、その最も顕著な特性は、めったに自覚的に表現されず、また個々人によって描写されることの少ない伝統的なものである。神道の感化についてもまた同然である。

神道は、決して生命を説明しようとする自覚的努力には敵対しない。人間同士の敵対は、自覚の差異から生ずる。人間の闘争は常に、自覚的教理や野心の対立する表面的生命に存在する。神道の潜在意識力は、精神の表面下にその耐久的感化力を保持しつつ、かつ自覚意識は生命の客観的諸条件に適応する経験と実験とによってのみ知識を得るものだということを知りながら、静かに成果を待っている。神道は寛容でなくてはならない。なぜなら自覚意識のすべての表面的実験は、神霊の自己探求の道として、それ自身広義の神道にほかならないからである。神道が偏見をもって、生命の本義の自覚的探求を抑圧しようとするならば、それは自らを裏切るものであろう。

日本は、神道によって歓迎された外来の自覚的諸教義によって、知的にも道徳的にも刺激され、また利益をこうむった。これらの諸教義は学問と知的成長とに対する力の源泉であり、また弱き者、悩める者の慰安であった。しかし、外来思想の中の不活動、悲観主義、不寛容主義などの要素は、日本人の心を感化している神道の潜在意識力によって部分的には修正され、克服された。神道によっては満たされない自覚的要求に応ずるため、日本に輸入された宗教的倫理的諸説は、疑いもなく神道の純潜在意識を保存することになった。日本に外国の理論的な諸学説が輸入されなかったとすれば、日本人は必然的に自分で生命の自覚的原理を発展させねばならなかったであろう。日本人は国民の自覚が研究的努力に達していなかった時代から、神道を表面に引き上げ、いいかげんにこれを研究し、分析しようと試みたであろう。その結果、神道はその深い潜在意識的感化力を失い、表面的加工によって骨抜きにされ、潜在意識的直観を自覚的教義にとってかえられ、本来の面目を喪失した他の原始的生命直観と同じ途をたどったことであろう。

神道は、その原始的直観をそこなうことなしに、いっそうその意義を明晰にされるときまで十分熟せるよう、表面的不純物に汚されずに日本の国民的宗祀として存続した。どの国民も、「万人は同等なり」とか「皮膚一枚下には差別はない」とかいった格言を持っている。これこそ神道の指示する人類の自覚的関係の理想である。この精神的意義は神道に常に存在していたが、決して自覚的には表現されなかった。神道について何も知らなかった西洋諸民族の間で、この自覚的表現が見出されつつあるということは、とりもなおさず神道観念が民族観念以上のものであることを示している。

ニューヨーク市のコロンビア大学の付近のリバーサイド浸礼（バプテスト）教会の入り口の上に、キリストを中央にして、古今の主要なる宗教家、科学者、哲学者の胸像が掲げてある。その中には仏陀、孔子、プラトン、アリストテレスその他多くのキリスト以前の人々がいる。宗教を否定し、その進化論を正統的キリスト教から激しく攻撃されたダーウィンも、その一員に加わっている。その弟子らがキリスト教に激しく敵対し、十字軍の聖地奪回を妨げたマホメットも加わっている。エマーソンはその中の唯一のアメリカ人であり、また現代としてはアルベルト・アインシュタインがいるが、彼はユダヤ国土復旧団の一人で、彼が属する民族はかつてキリストを十字架にかけたのである。これ以上の代表的な、敵対的人物の集合を企てることは不可能であろう。それなのにこれらすべての人々がハリイ・エマーソン・フォスディック師を主任牧師に戴き、国籍宗教を問わず全世界の博愛事業のためにその父君の莫大の財産を投じているジョン・D・

ロックフェラー氏を教会員に持つ正統的キリスト教会の入り口に一緒に祭られているのである。

神道の潜在意識的直観の一つの客観的顕現が、ここに石像となって現されているのである。人の踏むいかなる道も神霊の地上での生活の道であるとする神道的観念、また互いに敵対する人々の知識上の実験として、個人は独自の選択をすることができるのだという点で神道者であるとする神道的観念の表現としてこれに優るものはあり得まい。しかし、もし神道が現存の人々のために神社を建てるということが原始的迷信として非難されるならば、現代米国のリバーサイドの浸礼教会が、その教会の入り口にアインシュタインの胸像を飾り、もって人間が神霊たるには肉体の死を待つを要しないという潜在意識的真理を表白することも同一の範疇に入れなければならないであろう。現代の霊性観を解釈し直すこうした先駆的運動は、いかに近代精神が原始人の潜在意識的直観に立ち戻りつつあるかを示すものである。このことは、科学が唯物論的哲学を滅ぼしつつあるときに当たって、自覚意識が今一息で、全宇宙を神霊なりとする原始的知識を理解し得る程度にその能力を拡大することができることを示している。神道は、この真理を眼前に表示して分かりやすくするために石に刻みつけることこそしなかったが、常にこれを保持してきたのである。創造的発展を望む将来のすべての宗教は、人間の理解を超絶した一つの神秘的観念としてではなく、生命の霊的解釈を躍動させる単純な実在観として、結局この真理に立ち帰らねばならないであろう。

神道は、これらの意味に自覚的説明を与えなかったから、正式な宗教にもまた哲学にもならなかった。神道は、常に一つの純潜在意識的霊的直観としてとどまった。それは神霊の普遍性に対する包括的理解においては宗教以上のものであるが、一方から見れば、客観世界における神霊のもろもろの経験と一致するような体系的霊性観を求める自覚的要求に応じないという点で、宗教以下のものである。神道の直観は、その本義の深さを悟り得る者には十分な霊感を及ぼし得る。しかし、人間や宇宙を神より引き離すすべての既成宗教的方法で神道を解釈することは、神道を滅ぼすものである。生命は自己創造的進歩を追求する神霊なりとする神道の根本真理から動かされないならば、自覚意識は知識の増加するにつれて、この意味を種々の方法によって発展させることができる。宗教的基礎に立って人々を啓蒙するために、神道の真理を簡単な形にして教え込むことは確かに可能であろう。しかし、神霊の普遍性の直観的感得と、神霊の自己創造的発展の潜在意識的把握とから成立する神道そのものは、決して神学的信条の中に包括されるべきものではない。

神道は全能の神を否定するけれども、非霊性的だという意味においての無神論ではない。無神論というものは一つの反霊性的意味を持っているから、神道を攻撃する材料にすることはできない。神道は人と全宇宙とは神霊なりと主張するからである。キリストは自らを神の子と唱えたといってユダヤ人から瀆神《とくしん》の罪に問われたとき、ユダヤ人自らの神聖な律法によって「汝らは神なり」と教えられているのに、なぜこうした非難をすることができるのかと反問することによって、自己を弁護した。（注十）

キリストは旧約の次の一説を引き合いに出したのである。いわく、

我言う、汝らはgods（神）なり、汝らは皆至上者《いとたかきもの》の子なりと、されば汝らは人の如くに死に諸々の君侯の中の一人の如く倒れん。（注十一）

この句は、神道ではgodsという代わりに神という語を用いる点を除いては全く神道的である。また、エホバを意味する「至上者《いとたかきもの》」の訳語としても、神道のかみという語は少しの矛盾なしに用い得る。なぜなら『高さ』の観念を人格化して神霊を表すということは、かみという言葉の中に含まれている一つの意味だからである。したがって人をgods（神道ではかみ）とするこの詩篇の本文は、その根本概念を少しも変えずに神道の中にその地歩を占め得る。なぜならその意味は、人間は永久の神的存在として地上生活を営んでいるのではないが、それでも天上的起源を有する神霊であるというところにあるからである。キリスト教やユダヤ教は、詩篇で人は神なりと言っているからといって無神論だとの非難を受けはしない。したがって神道もまた、人を神と呼ぶからといって、物質主義的な意味での無神論であると称せられるいわれはない。たしかに神道は、宇宙を支配する全能神を認めない点においては、無神論的である。しかしその思想を表すに非霊性的方法を使わない。神を人間から引き離すすべての有神論よりも神道の神人一致論はより高き意味を持ち、この意味こそキリストが瀆神の非難に対する自己弁護として用いたところのものである。だが、神と人を分離させたその後の西洋神学者はこれに従わなかったのである。

神社は宗教的建造物ではなくて、そこで人と神霊とは一つであるという原始的直観を新たにす

る霊的元気回復の場所である。どの神社の前にも、二柱を上の横木に結んだ鳥居と呼ばれる門がある。鳥居の原形は橋梁のような形になっている。つまり鳥居は天地を結合する神話に出てくる天の浮橋の終点を象徴しているのだといえる。したがって神社は、神霊の集中地点、すなわち人が鳥居をくぐってその神的祖先と交通し、また宇宙は神性なりとの原始的真理に心を向ける場所とみなすことができる。この潜在意識的霊感を自覚的記憶にまで呼び起こすためには、いかなる信仰箇条の容認をも必要としない。形式的宗教の支配しているところでは、一定の教会的教義を受け入れない者は、一種の宗教的破門に処せられ、他人と交わって自分の霊性を思い起こすよすがを失ってしまう。ところが神社の社前では一度の低頭だけで、人は霊的自尊心を保つことができるのである。それが十分な程度の自覚的理解を促すか否かは、個々人がどの程度までその意味を理解するかによって定まる。もし十分な効果を収めないとすれば、そこで宗教が追加的刺激を与えるものとしての役目を演ずることとなる。

大多数の人々にとって宗教は、将来も長く、進歩発展を続けるために、慰安・霊感・教権に対する自覚的要求を満足させられることであろう。だが神道は、一つの永久的潜在意識的直観として、自覚のこれらの要求の存続する限り、これに干渉しようとはしない。神道が、永久に漠然としたものにとどまっているとは考えられない。なぜなら潜在意識的意味を理解する自覚的能力の進歩によって、神道はその真理の原始的知識からいささかも離れることなく、自己をいっそう明瞭に表現するようになれるからである。現代生活は自覚の拡大を要求し、霊的事項における潜在意識的直観と自覚的知識との和解を希望している。こうして神道は、一つの新しい自己表現によって、人と神霊とは二者にあらずとの根本知識と調和するように宗教を修正する方法を指示し得るであろう。科学が唯物論を滅ぼしたにもかかわらず、既成宗教が精神と肉体とを異なる実在とする二元論を固執して、人を神から分離する唯物論的信仰を保持し続けているのに反し、現代科学の傾向は神道のこの本義へと近づきつつあるのだから、この方法指示は遠からずして実現するであろう。

宇宙を霊的一元論をもって解釈する神道的直観は、この真理の意味が明らかにされるにしたがって、宗教に一大変革をもたらすべきことは明らかである。過去において神道は、潜在意識的方法によって日本の文明と進歩に貢献してきた。将来において神道は、生命の原始的知識をいささかも変更することなしに、これを表現することによって、その領域を拡大し得る。神道は、日本精神の特性が漠然とした潜在意識にあった何世紀もの間を通じて、建国以来今日までこの国を支持してきた。

しかし今や、日本のより高い進歩のために、自覚と自己表現との新時代が必要となっており、神道もこれに歩調を合わせねばならない。もし神道が、その根本真理を理解する能力の欠如ゆえに放棄されるようなことがあれば、日本の退化は免れ得ないであろう。万一そんなことになれば、霊的勢力としての創造的活動の源泉が抑圧され、国民の自発的自然的調和としての精神的統一は失われ、伝統の結束力は解かれて、日本は安定的土台をなくした、進歩の世界における一浪人としてとり残されるであろう。

注

(一) 暁島敏師講演 "Man Above Gobs" Lectures at Zintei School, Okayama, Japan, 1925
(二) Harper H. Coates 師および石塚龍学師共著「法然聖人」第二版九頁
(三) W. G. Aston, "Shinto: The Way of the Gods" 二〇八―九頁
(四) 日本アジア協会会報四十九巻第二部八六頁―七頁所載 D. C. Holtom, "The Political Philosophy of Modern Shinto" に引用
(五) Aston 前掲書二〇九頁
(六) Aston, "Shinto" (in Religions Ancient and Modern series) 五九頁
(七) F. C. S. Schiller, "Man's Future on Earth" The Personalist Magazine, 一九三三年四月号二二五―六頁
(八) Chamberlain 前掲書第二版四〇頁
(九) Rev. D. C. Holtom, "Some Notes on Japanese Tree Worship" アジア協会会報一九三一年十二月号二、四、一九頁
(十) ヨハネ伝十章三四―六
(十一) 詩篇八十二篇六・七

第五章　神道における悪の観念

神の敵対者によって人に加えられる苦痛、または神意にそむいた罪過に対する刑罰としての害悪の観念は、神道にはない。光と闇、清浄と罪障との間の教会的意味におけるような戦いは、神道にはない。神道の人間生活に対する観念には、誘惑その他の悪魔的影響は入ってこない。邪悪もまたこの世には存在し、また人間の間でも甲は乙に悪行を加えるが、神道はこれらの罪人をさえ、厳格で憐れみぶかい生活を送る人々と同じに神と認めているのである。雨が善人も悪人も一様にうるおすように、実在に関する太古神道の直観によれば、善人も悪人も等しく神なのである。このように、神を全包括的なものと見ることが神道の明確な精神的特異性をなしていて、他民族の精神的信仰とは全く異なったものである。なぜなら神道は、生命を霊的に説明するに当たって悪魔も地獄も必要としないからである。

聖と俗との別も、神道では何ら宗教的意味を持っていない。人間の日常生活においても聖行聖心があるように、神道でも神霊がそのより高き本性と交通するときには、そこに聖なる観念は生まれるが、より低い本性もより高い本性と全く同じく、神霊であることに変わりはないのである。神霊は二つの性質を持っている。神性ということは神道では絶対的純粋を意味しない。もしそうだとすれば、不純なものは神霊ではなくなり、神道神話にはない二元論的概念が起こってくるはずである。徳行も悪行もともに神霊の属性である。人間と神とは一致すると考えた太古神道の直観によれば、これ以外の結論の生まれるはずがない。

人は地上の神霊である以上、人類は宗教的意味において神の恩寵《おんちょう》から堕落することができない。存在するものすべては神霊であり、それがいかに嫌悪すべきものであろうとも、神霊が自己を浄めるときに消滅する場合を除いては、神性から分離させることはできない。宇宙のあらゆる様相は、神の非空間的霊性にその起源を有する。人類の祖先は神である。この系図は決して取り消すことができない。人類が天より由来したものであるということは、その地上での行動いかんにかかわらず消すことはできないのである。これは神道における恒久的事実である。一つの家族が不肖の子を持ち得るというのと同様に、人類の神的起源に対する自覚的感応は時に失われることもあるが、しかし神的起源の事実は依然として残るのである。この神道は根本事実については幾多の誤解があった。それは十分な理解なくしては解きがたい謎のようなものであるから。

自覚意識の展開した思想によれば、神は完全なものだけれども、常に不完全な人間は神となりきることができず、一部分は清浄、一部分は罪障に汚れた二元的性質を持たざるを得ないということになる。ところが神道の思想はこれとは全く異なっている。神道は、神霊は非空間的な天、すなわち主観が客観へと顕現し、努力と経験とによって自己の新しい道を創造しつつあるものであるとする。それゆえに神霊は、その進歩の正道を創造する過程で犯した一時的失敗に伴うあらゆる苦痛を自らの上にこうむるほかはない。したがって罪悪は、人間の上にさまよえる独立的存在ではなく、進んで生命の神道を開拓することで、自己の客観的発展を創造しようとする神霊の宿願に伴う幾多の打ち勝ちがたい困難を指しているにほかならない。

宗教的罪過としての害悪に対しては、いまだに十分な説明がなされていない。完全な創造主によって造られた世界に、なぜ害悪が存するのかを説明するために、常に何らかの神秘主義を借りてくるしか道がなかった。西洋における悪の問題の研究は、古代ギリシャ・ローマ時代にさかのぼり、いわゆる「両刀論法（二律背反法）」に立脚している。すなわち神は、悪を欲しなかったがこれを除去することができなかったか、または神はこれを除去できたがそうするのを欲しなかったか、あるいは神には悪を除こうとする願いも、これを除くべき力もなかったか、そのいずれかであるとするのである。この論理の行き詰まりは、神が人と宇宙とを造り、生命にそのすべての天倫《てんりん》を賜ったとする教理に基づいている。人間を完全な徳性を備えたものに造り得なかったか、ないしはそのように造ることを欲しなかった神から人間は分離してきたものと考えられている。神を全知全能のものと考えるがゆえに、その全能である神が、人間を造りながら、なぜ彼らの苦しみをそのままに放置しているのかという疑問に答えることができなくなるのだ。十八、九世紀の欧州ではこれに対する哲学的解答が試みられた。その結論は、悪の根源は利己主義にある。しかし利己主義がなければ敵対もなく、敵対がなければ進歩は不可能である。ゆえに悪は進歩の刺激として善の発展のための一要素であるというのである。なるほど悪は進歩を進めるかもしれない――あたかも暴政が、その暴君を排除することによって人民に新しい協力の才能を発達させるように。しかし悪はしばしば進歩を妨害する。例えば、利己主義的個人主義が、神霊の協力の場合よりもいっそう豊富なる経験を持っている場合がそうである。近来、進歩というものはますます相互扶助に立脚する傾向がある。自然界においても、進化はしばしば利益の交換、すなわち共生《シンビオシス》と呼ばれるものに依存しているということが今日の研究で明らかにされている。例えばミツバチが花から蜜を集めると同時に、花粉を運んで受精を助けるようなものである。悪に対するすべての宗教的、哲学的説明は、それを神秘主義に頼ることなしに自覚的精神を満足し得るか否かで試されたが、満足する答えは到底得られないのである。

東洋においては、ヒンズー教やインド仏教の高度に知的な理論の中で発展した悪の問題は、不可解な霊の迷いとしての個人主義が、常住不変にして全能なる神から個人を分離させるという信念に基づいている。個人には煩悩が生まれて、この分離をいっそう大きくさせる。しかも個人は宇宙の一部分にすぎないので、この分離自体からも苦難や悲惨が生ずるのである。悪は、人が再び全宇宙に合体するための準備として、すべての煩悩と個人的な「小我」とを抑圧し得たとき、ここに初めて克服されるものと考えるのである。善を行おうとする欲望さえ、全宇宙との合体を妨げる。なぜなら、善を行うためには他人の役に立とうとする欲望を持つことが必要になるのみならず、善を行う人としての自己の個性を保持し、また被益者としての相手の個性をも認めなければならないからである。そこでは煩悩と個性との全面的排除が理想とされる。

旧約聖書で、アダムとイブが、善悪の知恵の樹の果実を食べてはならないとの神命にそむいたとき、悪がこの世に入ってきたとする思想も、この分離を悪の根源とする考えを含んでいる。なぜなら、この果実を食べたことによって、アダムとイブはエホバから放たれて独立し、人類はその後、自己の責任において前進することとなったからである。

このように分離および全能という考えが、世界における害悪と苦痛の存在に関する東西両洋の観念の根底をなしているのである。神道は、決してこうしたゆき方ではこの問題に近づいてゆかない。神道にとっては宗教的意味での悪の問題は全く存在しないし、また存在し得ないのである。人と神とは同一である以上、悪の存在を許し、または許し得ない全能の神などいうものはない。また人は神より分離されていないから、悪は神人分離の結果でもあり得ない。

人間のすべての活動は地上の神霊の活動にほかならず、したがって宗教的意味における罪悪としての悪は無意味である。客観的宇宙に拡大してゆく神霊は、変化なく平凡な無心の道を選んで、失われることなきエデンの園に住まうこともできたのである。もしそうした道を選んだとしたならば、その結果は、自ら機械的個人主義を生み、神霊の園は訓練された人間的動物の園と化し去ったであろう。神道によって起こった神霊の実際の発展は、これと全く異なっている。それは自己創造的道程であり、それによって神霊は客観的生命としての神性の新しい意義を自ら発展させ、究極的に自己の途を開拓する人間性にたどり着く。この進化においては激しく苦しい努力が必要であり、そして経験が、地上の神霊の進歩のためには協力と調和が保たれねばならないことを教えるまでは、個人はしばしば他人を犠牲にしてまで創造的活動の利益を追求するのである。

神道は神が同時にあらみたま、にぎみたまであるという。この考えは、神を全く仁慈なものとしながら、同時に他方においては嫉妬や怒りを現し、祖先の罪過に対して、後に生まれてくる子孫にも刑罰を課すると考える教会主義とは相入れないのである。神道は、このような混乱した結論には迷い込まない。なぜなら神道では、神を、人類に恩恵と同時に罰をも与える全能者または因果応報の神とは考えないからである。神道の神は、経験の客観世界において自身の道を開き、その道程において粗野と穏和の両面を現す自己創造的なものである。

生命の生命自身に対する闘争は、神霊が自己のためにする自己犠牲であり、それゆえに神霊全体の立場から見れば、そこには犠牲もなく、罪悪もないわけである。個人が他人のために自己を犠牲にするとき、これを人類全体から見れば罪悪が犯されたわけではない。戦争の経験不足から戦場で兵士が負傷しても、その負傷者にとってその結果は害悪であるにせよ、その軍隊全体に害悪が存在するということにはならない。同様に、人が生命の進歩のための闘争の犠牲になるときは、その個人は生命の経験不足による悪結果のため苦しまねばならないとしても、神霊全体から見ればそれは害悪とはならない。そして神霊が経験を積むにつれ、害悪もしだいになくなる。神霊が自己を損ずることを恐れて進歩の新道開拓の実験を避けたとしたならば、進歩は全く起こり得なかったであろう。世を避け、草庵の生活の無為に隠れることで害悪を克服しようとするのは、神道ではない。神道によれば、静的神性を求めて進歩的活動から身を引くことは、自己の神性を裏切ることである。全能の神は、人間の自由を滅ぼし、人を徳の静的機械にしさえすれば自動的に悪を克服し得る。しかし創造的神霊は、予見できない全く新しい道において発展することを求めるのだから、そんなことはできない。

神道でいうように、客観的宇宙において新しい霊的発展を創造する神霊は、全能神には不可能な発展的特性を神性に与える。絶対的新の自発的創造は、常住不変なる全能神の力を超えている。全能ということは将来のすべての知識を包括している。しかし予見され得るものは予めそのすべての様相において知られているはずのものである。だが絶対的新は、それが創造されるまでは予見し得ないところのものである。全能神は予見することのできない自発的新を産出することはない。なぜなら、もしそれができるとすれば、それはもはや全能ではなくなるからである。創造神は予見できないものを産出するから、無限の創造力を持っている。したがって神道における創造神の宇宙は、無限の実在の宇宙であるが、これに対し、全能神の宇宙は機械的な実在の宇宙に限られている。自己を創造しつつ進む客観的活動の大宇宙において、神霊は経験の不足のために多くの障害にぶつかるのであるが、この障害を我々は「悪」と呼ぶのである。

神は人間の苦痛を救う力を持ちながらもそれを救わない、という責任を神に負わせることになれば、世界における悪の存在は全く神を愚弄することになる。神道では決してそんなふうには考えない。人生の苦難は、客観世界において進歩を求める神霊の苦難である。自然界の大変動も同様である。なぜなら神道にとっては全自然が神霊だからである。

日本を見舞う最大の災害は頻発する地震である。しかし神道は、怒れる地震の神が人類を罰するものだなどとは考えない。宇宙をもって神霊なりとするその潜在意識的直観にすこぶる忠実であることを、神道はこの事実によって明確に証拠立てているのである。自覚意識は、しばしば災害を神の怒りまたは悪霊の仕業であると想像したい不可抗的な誘惑を覚えるものである。一七五五年、リスボンに大地震があって三万人も死んだときに、フランスの僧侶は、これはリスボン市民の罪に対する神罰だといって、有名なヴォルテールの非難を浴びたことがある。神道では地震を、自然としての神霊が物質界において望ましい安定にまだ十分自己を調節し得ないことから起こるものと解する。こうして神道の罪悪観は、悪は人間の自力で克服され、または償われるべきものであって、礼拝によって避けられる天罰ではないと考えさせ、そうして人間に対する一つの刺激という役目をするのである。

潜在意識的直観としての神道は、自覚意識の期待などに対して何ら精神的な助けは与えない。自覚意識は自己独特の方法で自らを救うほかに道はないのである。自覚的な倫理的進歩の助けとしての道徳律は神道にはない。日本人は元来正義の民で、したがって道徳原理を教える必要がないから、神道には道徳律がないのだというのは誤りである。日本人は、なるほど立派な生活態度をもっている。しかしそれは日本人に限ったことではない。そしてまたいかなる国にも不道徳な非倫理的な生活は存在する。もし日本人だけがこの例外だというならば、刑法も裁判所もいらず、またいわゆる「危険思想」に対する政府の取り締まりもいらないわけである。神道は天神があらみたまとにぎみたまを有するものと考え、神道神話の中には、必ずしも徳行のみが行われていたとは限らなかったことを示す種々の物語が載せてある。天神が時にその粗野な一面を跳梁するに任せたとするならば、若干の日本の注釈家が説明するように、日本人生来の特性から道徳律が不必要であったという説は支持しがたいのである。

神道に道徳律がない主な理由は、神道が太古人の潜在意識的直観であるからである。道徳律というものは自覚的精神が相当発達してからのちの自覚的所産なのである。神道は、日本文化の中に常に潜在力となって存在している。そして深い自覚による表現を借りて、自らを進展させようとは決して企てたことがなかった。道徳律は心の分析過程から生ずるが、神道は分析もせず概念構成もしない。隣人に対する加害行為はその他の不純行為と同様に禁じられているが、神道の中には体系的道徳律は含まれていない。十八世紀に賀茂真淵が日本人の特性を弁護していわく、

日本には仁慈、正義、礼節、叡智、真理というような名詞がないから、これらの原則もまた日本には存在しないと主張する者がいる。しかしこれらは各国に存在することあたかも四季が規則的に廻りくるに等しい。春になっても気候は忽然《こつぜん》と温和になるわけではなく、また夏になると暑さが急にやってくるわけでもない。自然は徐々に進行する。中国人の考え方は気候が急に温かに、または暑くなるに非んば、春または夏に非ずとするのである。(注一)

これは道徳的観念がしだいに進化するもので、経験も経ずに忽然と発明されるものではないことを意味する。

太古の日本においては、道徳的理論は中国の標準よりも確かに遅れていたに違いない。中国人は論理を愛好する自覚的国民であったのに反し、神道は論理を持たなかったからである。日本人が仏教や儒教を歓迎したことはその証拠である。日本の倫理的進歩を促すには、精神の表面における刺激が必要だったのである。天孫降臨のときに、瓊々杵尊《ニニギノミコト》は三種の神器を倫理的神霊的な象徴として授けられたが、はっきりした教訓は何らこれに伴ってはいなかったのである。瓊々杵尊は、自己創造的発展のために客観界に顕現した神霊そのものであったから、そうした教訓は実は与え得なかったのである。創造さるべき環境はあらかじめこれを知らず、それゆえに新たに生まれくるはずの状況に応ずべき道徳律を案出することは、神霊の自覚に委ねるほかはなかったのである。瓊々杵尊は、鏡によって天上の神霊を見よと教えられたが、これは神と人とは同一であるということを絶えず思い起こさせるよすがとして素晴らしい思いつきである。これはまた、自己発展のために精神的刺激を求めようとするならば、人は天をではなく自分自身の内心を顧みるべきだということを意味している。しかし道徳が発達するためには、まず自覚が進化しなければならない。しかし日本は、日本人の心に進歩的な観念に対する障壁を設けるようなことをしなかった神道の創造的刺激のもとで、この力をアジア大陸に求めたのである。

このことは神道が道徳観念に欠けていたことを意味しない。神道の道徳的観念が主観的で、まだ自覚的に分析されず、十分効果的なものとなるためには自覚的理解力が必要であったのである。

天照大神（すなわち太陽神）から発する熱と光との中に、人類に対する愛が含まれていた

という事実を認めたことは、宗教を持たぬ世界においては真に偉大なる思想であった。（注二）

神道では万人が天照大神と同じく神霊なのであるから、熱と光とは善人にも悪人にもすべての人に分かたれる。しかしこの太古人の考えは、潜在意識的には外来の道徳律に影響を及ぼしているものの、自己に対してはまだ何らの説明も与えられていないから、ここにその説明を必要とする。既成宗教の倫理によれば、人は生まれながらにして罪人であって、天、またはかけ離れた全能神より教えられるのでなければ、道徳律を発達させ得ないとされる。しかし神道では、人は生来善でも悪でもなく、新しい道によって自己発展と創造的活動とを求める地上の神霊であり、その進化の過程における経験の有無が必然的に善悪両様の結果を招くというのである。この意味で神道は実行的である。瓊々杵尊が授けられた三種の神器は実行的な象徴である。なぜならこれら神器の持つ意味は、進歩の道程における個々人の異なった経験次第で、また神器が教える融通無碍な見解に従って、どのようにも解釈できるからである。このようにして神道では個人の責任を説く。人が、地上における神性の自己伸展を行うべき任務を有する地上の神霊であることを知るとき、失敗は個人がその責任を怠り、または回避して神的目的に損害を与えることとなる。こうして正しい行いは強い刺激をきたすのである。

しかるに行為は客観的なもので、主観的感情と同時に表面的理解力をも要するものであるから、正しい行為は潜在意識的感応性にのみ一任しておくことはできない。そこに倫理学が演ずべき役割があるのであり、そこにまた神道が表面的道徳律を構成しなかった日本で、中国の倫理的文化を歓迎した理由があるのである。しかし成典となった道徳律だけでは進歩的善果を生むのには十分ではない。成文道徳律はやがて形式化され、人生の変化極まりない事情に対する十分な柔軟性を欠くようになる。この硬直を防ぐものは、創造力の内面的感応性のほかにはない。神道の潜在意識的創造力とアジア大陸で自覚的に構成された道徳律との結合は、日本にその倫理的自己発展を与えた。中国では儒教は国民道徳を維持するに十分ではなかった。またインド仏教の形式的倫理原則からは不断の霊感をくみとることができなかった。創造的活動を離れては、道徳的教説も霊的教説もその生気を失う。実利的進歩と生活程度の向上とは、創造的文化に対して、形式化した宗教や道徳では与え得ない実践道徳の刺激を与え得るものである。神道は、この好影響を日本に及ぼしたのである。

社会制度のうち最悪なものである奴隷制度は、宗教によっても支持され、西洋の道徳律によってかつて禁止されたことがなかったが、実利的発明が人間機械というべき奴隷よりもいっそう能率的な機械を生み出した。西洋にこうした物質的進歩がなければ、奴隷制度は今なお残存したであろう。英国の史家ジョージ・フィンレイは一八五一年に書していわく、

実際は奴隷使役によって高められた製品の値が、もはや奴隷使用者に利潤をもたらさないほどに低下するまで、農奴は絶えなかったのである。奴隷使用によって利益が上っていた間は、キリスト教の教えも人類愛の念もこれを排除できなかったことは、歴史の立証するとこ

ろである。奴隷を使用するキリスト教の社会団体で自発的にこの制度を廃止したものはいまだかつてないのである。（注三）

固有の道徳律のなかった日本では、「人身売買」は一六九九年終局的に禁止されている。（注四）だがその当時西欧では、詳細な道徳律を持っていながら、黒人を捕え、これを最も野蛮な方法で奴隷市場に売買すべくアフリカに遠征隊を送っていたのである。こうしたことから、一国の実践道徳的態度を知ろうとして、その国の道徳律にこれを求めても無益である。

道徳律が人類から離れた神の霊感によって成ったものだと考えられるところでは、道徳律は僧侶によって神の掟として利用され、その背反には神罰が加えられるものとされる。信徒を恐れさせて僧侶に死後の運命の決定権まで与えるこういう考えが、日本人に染み込むことを神道は防いだのである。日本に輸入されたこれら外来思想は、大部分無害なものとされた。なぜなら、神を恐れるという考えは神道にはないからである。人間はすべて神霊であるから、天上の神の怒りを恐れるということはあり得ない。

怖れが最初に神を造った、という古代ローマ詩人の言は、神道にはあてはまらない。神道はむしろ……神に対する畏怖よりも、愛と感謝の念に充たされている。神社の前で礼拝者は喜びを以って神を父と呼び、また祖先と呼んでいる。そして神社の祭典は彼らの歓喜の機会である。（注五）

もし神道に瀆神ということがあれば、天神（すなわち人類の神的祖先）が人間を罪に定め、人を煉獄に送ると考えることこそ瀆神なのである。進んで創造的活動の新分野を切り拓いてゆく自分自身の活動をもって罪悪となして、自分自身を呪って自分自身を地獄へ送るなどということを神霊がするはずはない。しかしその新分野では、人間的関係においても物質的生産力においても、失敗と成功とは神霊の集積した知識と経験の多少に依存するものであって、失敗が決して罪悪とはならないのである。生前の失敗のために、または一定の信条を守らなかったために死後の苦痛にあわねばならないとするような考えは、古神道には全く存在しない。この考えは、人を怖がらせて僧侶の人心支配権を確立しようとする宗教の故意の発明である。地獄の業火の教理を今なお信じている人に、神道の表面的表現にしばしば迷い込んでくる素朴な迷信を嘲笑する権利はない。神が既成宗教の禁制を守らなかった人々を呪い、これを永遠の苦しみに陥れるとする迷信ほど、人類を堕落させた迷信はないのである。

原罪の思想もまた神道にはない。かかる教理がもし神道の中に地歩を占めるとするならば、それこそ神霊が自己を全包括的神より分離させることになるが、そのようなことのあり得るはずはないのである。このように、神道に宗教的意味での罪悪観のないことは、人が神に対して罪を犯すときは、神はこの罪人に罰を下すと教え込まれるときに感じる病的圧迫感を防ぐという健全な効果をあげてきた。

私が日本人の性格の中で特に面白いと思うのは、彼らが比較的罪の念にうすいということである。……私がかつて今村、三宅両教授と狂人のことについて語り合ったとき、英国では

頗る普通の宗教的罪悪観による乱心が、日本にはほとんどないことを知って、私は全く驚かされたのである。（注六）

人を造った全能の神という間違った考えに基づいたものではなく、神を人間の父とする考えが神道の神観にはある。神道が、罪人を罰することによって自己を偉大化するとする復讐的神格の観念を退け得たのは、この太古神道の考え方のおかげである。また神道にはパリサイ人的な偽善や偶像崇拝、狂信、その他既成宗教に伴いがちな弱点がない。これらは神人一如の意味において神が人の父であるということが悟られるとき、なくなってしまうのである。

神道には宗教的意味において、人を神より離す罪悪感がないから、人が宗教的に、もう救われないなどということはあり得ない。救われないとは分離されたことを意味する。神道においては失われたる魂、つまり救われざる魂はない。神道によれば、神は人をあてどなく追放するものではない。地上の神霊は、新たに自己発展の道を創造すべく、主観的天より客観的宇宙へと顕現するものである。だが自覚的な教会的な考え方では、この事実に徹しきれず、自分らは神より分離されたもの、したがって神と人とは異なる実在であると考えるようになった。だが神道は、決して論理に煩わされなかったから、この誤謬に陥らず、したがって人類救済の考えも、神人を引き離す罪悪という考えも発達しなかったのである。神道が主として強調するところは、人が神霊の故郷たる天上へ復帰するということではなく、神霊が客観的実在の世界にいよいよますます進出してゆくという点にかかっているのである。それゆえ、神道にとっては「進歩と救いとは同一である」（注七）。ただし進歩とは物質的繁栄だけでなく、人の姿をとった神の自己発展をも意味しているのである。

神道は宗教的意味での罪悪観、救済観を持たないが、このことは神道が善悪の区別を無視することを意味しない。神霊だとして迷い得るものであるし、また実際迷うこともあるのであるが、これが神霊にとっては行為と活動との正道に立ち戻る機会となるのである。個人の形をとった神霊は、他の神霊の悪行を防ぐ責任がある。

神道では神霊がその自己創造の世界で打ち勝ちがたい障害にぶつかるときは、善にも悪にも走り得るものと考える。善悪の果たして何たるかはしばしば問題となるところだが、神霊は創造的なものであり、その創造的動力は問題が解決されるまでいつまでもじっとして待っているわけにはゆかないのであるから、神道は人に善悪の終局的区別を示す仕事を経験と実験とに委ねているのである。神霊は経験の試金石にかけられるまで、何が善悪であるかをあらかじめ知り得ずに、進歩によって救われつつ、個人的および協力的に闘争を続けていかねばならない。人が悪を犯すとき、神道はこれを許すのではなく、人が自力によって悪を克服すべきことを要求する。神道では、悪が進歩によって排除されたとき、放免がやってくるのである。これが神道において「進歩と救いとは同一である」という意味である。神道に宗教的意味での罪悪感、救済観のないのは、ただ口先だけの懺悔では罪は許されないことを意味する。神道では、悪を実行によって克服させるために、罪の告白の制度は設けていないのである。

罪悪感は、神道においては一つの個人的な問題で、宗教的儀式で消えるものではない。神道における浄めの式は、罪人を過誤の責任から解除するものではない。それは個人の神性に意識を集中せしめるものであって、罪を償うべき義務を解除するものではない。他国民よりもいっそう頻繁に日本人は自分を罰する。神道では、人が善き結果を得んと全力を尽くした場合でも、その結果が悪ければ責任を負わねばならないとする。神道の責任観の伝統的感化によって、両親はしばしばその子の過誤のために、また上官は部下の過失のために自分自身を罰する。このように神道では、神霊がきびしく自己を処罰する。日本史はこうした自己処断の例に富み、自分の罪が死に当たると信ずるとき自害する人に、日本では大いなる敬意が払われているくらいである。実際日本では、責任の観念は時に極端にまで走ることもあるが、そのことで無責任な現代人にとって学ぶべき模範がそこにないということはできない。

現代生活においては、個人の信念の個別性、独自性がますます正当視される傾向が強い。神道もまたこの原則を支持するが、ただしその結果については責任を負うべきだとの主張をこれに結びつける。もしも個人的信念が誤っていて、その行為が悪結果をもたらせば、個人は、その罪を罰する法令はなくても、自分を処断しなくてはならない。日本においても今日では、いわゆる現代的風潮に馴染んで、こうした厳重な伝統的責任観を持たない者がいるが、なおこれを保持している者の方が多いし、また日本精神の復活が今日の日本でやかましく唱えられている一つの理由には、国民にこの責任観を取り戻す必要を知らせようとするためである。神道はまた、動物を犠牲に捧げることによって罪滅ぼしをしようという考えはない。神道によれば、人間の中には追放されるべき悪霊は存在しない。あらみたまはあまりに乱暴に走るときは、自ら自己を罰せねばならず、同時に他人の判断にも従い、かつ公の犯罪をなしたときには公の処罰を受けなければならない。

神霊は、罰を甘受することによってかえってその自尊心を保つ。なぜなら悪は、客観世界における自己の未経験の結果であって、必要とあればその発展力を強めるためにも罰を受けねばならないことを神霊は知っているからである。同時に、内なる主観的精神は客観的悪によって汚されはしない。封建時代の日本の「切腹」の習慣はこの事実に基づいているのである。立会人の面前で切腹するのは、物質的悪にもかかわらず、主観的神霊は、それによって少しも汚されていないことを公に知らすために、魂が象徴的に体外に出てくることを示すがためであった。この切腹の礼式の中に、神道の精神、すなわち神霊全体から見れば悪などは存在せず、ただ神霊が自己を犠牲として進歩を求めることから生ずる悪の外形が存在するだけであるとする考えが示されている。原罪の教理に代えてこうした原理をもってくれば、悲観主義はたちまちに消散してしまう。

悲観主義者は、純乎たる神道を奉ずる者とは称するを得ない。神道は楽観主義である。そして人生に寛大な信頼を寄せる人は、神道の中に執拗な悪の観念がないからといって、これを咎めようとはしないであろう。(注八)

神道における悪の最初の観念は、伊邪那岐命《イザナギノミコト》(伊弉諾尊)の子で天照大神の弟に当たる須佐之《スサノオノ》男命《ミコト》（素戔嗚尊）という人物を中心にして表されている。たぶん須佐之男命の神話の基礎の一部をなし、また太古日本人の民族的記憶の中におぼろげに思い出された歴史的な人物がいたのだろうと思われる。朝鮮と出雲とがある種の関係に立っていた有史前の時代に、須佐之男命は朝鮮と何らかの関係があったものであろう。須佐之男命の霊が非常にあがめられる出雲の伝説はこのことを暗示している。彼はまた、紀伊とも何らかの関係があったのであろう。神道の神話によれば、伊邪那岐命がその亡妻伊邪那美命《イザナミノミコト》（伊弉冉尊）の復帰に失敗し、黄泉《よみ》の国から逃げ帰ったのち、須佐之男命と天照大神とが生まれた。天照大神には天を与え、須佐之男命には地を与えて、それぞれを支配させた。ところが須佐之男命は、地上に出発する前に黄泉の国で伊邪那美命に別れを告げようとして伊邪那岐命を怒らせ、天照大神に別れを告げようとしてその疑いを招いた。

　須佐之男命の真意を明らかにするため、彼と天照大神とは一つの約束をし、もし須佐之男命が男子を産めば無罪、女子を産めば有罪となることを決めた。神話は天照大神が須佐之男命に五百の「八尺《ヤサカ》の勾玉《マガタマ》」の首飾りを賜り、命《みこと》はこれをかみくだいてしまったありさまを記している。命はそのおかえしとして大神に「十拳剣《トツカノツルギ》」を贈ったが、大神は同様にこれを打ち折ってしまう。一見生殖器崇拝のような話がここで神話の中に混じってくるが、これは力説されていない。天照大神は三女、須佐之男命は五男を産む。この結果、前の約束によって命の無罪は立証されたはずであった。ところが大神は、命がかみくだいた八尺の宝石を与えたのは自分であるから男の子らは自分の子であり、また自分は須佐之男命の剣を打ちくだいたから女の子らが命の子であると主張する。この反対の判決がなぜ承知されたかは伝説に物語っていないが、とにかくこれが承知された。しかし若干の反対論はあったに違いない。この「出産裁判」の最も詳しい物語は、日本書紀にあるが、そこには数種のいい伝えをあげている。その一つの末尾にいわく、

（素戔嗚尊《スサノオノミコト》）称《ことあげ》して曰く。正しきかも、吾勝ちぬと。……素戔嗚尊の産める児、皆巳に男神なり。故《か》れ日神（天照大神）、素戔嗚尊の元より赤き心ありと知《しろ》しめて……是の後に素戔嗚尊の所為《しわざ》甚《はなは》だ無状《あぢきなし》。

須佐之男命が、判決に反して有罪と公言された事実は否定できない。その後の命のあじきなき所為も、彼があざむかれたと信じたとすれば当然のことである。命は田を荒らし、乱暴を働き、斑馬の皮を剥いで天照大神に投げつけた。大神は天の岩戸に入り、例の神々を大笑いさせたおどけ舞踏によって誘い出されるまで、そこに隠れた。命は大神から罰せられて天を追われた。命は出雲に降り、その地を怖がらせていた八頭の蛇を殺し、その体から聖剣を取り出し、天照大神への贈物とした。命はまた、地上に協力をもたらす運動を始め、その養子となった大国主命は、命より八十人の反逆的兄弟を征伐する術を授けられて、この事業を完成した。

須佐之男命の伝説は、太古人が、悪の観念について悩みながらも悪霊が天神と争うのだという誤った見解に陥らなかったことを示している。須佐之男命は天を追われたが、しかし悪魔となることなく依然として神としてとどまったのである。命は天の神々から忌《うと》まれたが、今は「やさか神社」に祭られて尊崇の的となっている。命の神社に「やさか」の名が与えられたことは命が例

の「出産裁判」によって辱しめられたものでないことを示す。さもなければ、この裁判の記憶が、これほど命の霊に結びつけられることはないはずだからである。

須佐之男命は、にぎみたまとあらみたまを持っていた。後者が制御できなくなるほど荒ぶるとき、命は罰せられたのであるが、しかし神話は命を人を誘惑する悪魔というものには化さなかった。それどころか命は何の根もふくまず、地上に有益な事業を施している。出雲の日の御崎には、須佐之男命と天照大神とが同じ場所に、しかも前者の社が後者の社より高い地位に祭られてある。この二神は非常な親密な関係におかれて、神話では十分明白にされなかった潜在意識的意味を表しているのである。須佐之男命の語義は「激烈」を意味するものとされ、命は暴風雨の観念の人格化だろうと解される。農業国にとっては太陽も風雨も収穫に必要である。暴風雨は収穫をそこなうが、しかし風雨がなければみのりもない。神話がこの意味で太陽と風雨、天照大神と須佐之男命とを姉弟としたのは適当な表現というべきである。収穫のためには両者が必要であり、風雨は時に有害だが、しかし利益もまたもたらすのである。人間においてもまた同様である。須佐之男命は激烈で、怒りっぽいが復讐的ではない、強い愛情を持ち、勇敢にして寛大、個人主義的だが同時に有力な協力者たり得る性格を人格化したものと考えられる。神道は、人間としての神霊、また同時に自然そのもののにぎみたま、あらみたまとしての神霊についての潜在意識的観念を、彼に集中させたのである。

このような悪の問題の解答によって、神道は、世界に罪をまき、人を悪に誘う敵意的独立力としての悪魔の考えに陥らずにすんだ。須佐之男命は、神道を地獄の辺《ふち》から救ったのである。それゆえに神道が潜在意識的に彼の真性を認め、これに敬意を表し、これを祭るのも当然というべきである。もし神道の神話に論理的宗教家が働いていたら、命は天より地獄に投げられ、悪意をもって神霊を支配しようとする悪魔ということにされてしまったであろう。そしてこの解釈は、日本における悪の説明として、僧侶には有益でも一般には有害な結果を及ぼしたのであろう。あくまでも潜在意識的直観的真理に忠実だった神道は、こうしてその神話をだいなしにすることをしなかったのである。

伝説によれば、須佐之男命はおおまがつみの神（悪行の大神）という一子を持たれたが、この神についての記述はほとんどなく、またこの神は人類の誘惑者ではない。この神は、父の激情は子に害悪を残すとの戒めと考えられる。これと権衡を保つために、須佐之男命の娘須勢理毘売命《スセリヒメノミコト》（前進女神）は大国主命と結婚し、須佐之男命が大国主命の性格をためすために企てられた悪の誘いに打ち勝つべく夫を助け、その後大国主命は、瓊々杵尊《ニニギノミコト》が平和的政府樹立のため天上から降臨される準備のために土地を鎮めた。須佐之男命の助けがなければ、大国主命の事業は失敗したに違いない。

須佐之男命の神話は、悪霊と神霊との敵対としてでなく、十分に調和してはいないが、同一神霊の中にあるあらみたまとにぎみたまとの争いとしての善悪の闘争を表現しているのである。その調和は、創造的努力と経験との結果として初めて生じてくるものである。神道は生命の自己発展の道をこのようなものとして理解した。なぜなら個人的人格として現れる神霊は、いずれもあらみたまとにぎみたまとにより成り立っているからである。そしてこの両者間の調和のための闘争は神霊自身の闘争であるが、やがてそのことは自覚意識にも把握されるときがくるだろう。すなわち自覚意識が人間の持っている不抜の神性（古神道の直観的知識）を包み込んでいる潜在意識の深みにもぐり込む能力を得たときに。

注

（一）Aston 前掲書にも引用
（二）Aston 前掲書三四九頁
（三）"History of Greece from the Crusaders to the Turks" 一九七頁
（四）Brinkley, "A History of the Japanese People" 一七四頁
（五）Aston 前掲書七頁
（六）C. G. Seligman, "Japanese Temperament and Character" ロンドン日本協会会報第七八巻
一三一―一二頁
（七）筧克彦教授は神道の「いやさか」を著者のためこのように訳してくれた
（八）Lafcadio Hearn, "Kokoro" 二七七頁

第六章　崇神天皇の神道復興《ルネサンス》

神道の完成した形態は突如として出現したものではなかった。実在に対する、直接にしてかつ潜在意識的な直観は原始時代にその起源を有する。しかしながら、それが一定不動の伝説に発展するのは、神性の遍満と創造的活動とに関する原始的内面知識と、拡大していく生活経験との間に調整作用が行われるようになって初めて可能である。原始神道が宇宙を神霊だと悟ったのは、自然の中に自己創造の神性を認めたのが最初であった。人類もまた地上における自己発展的な創造的神霊だという神道の潜在意識的意義を理解するためには、人間の有する創造的動力が心意発達の最初期以上にその能力を発揮する必要があった。現代においてさえも、人類はややもすれば自己を精神的に過少視する傾向がある。なぜならば、人間の意識というものは実在に関する直観的知識に自己を調整することを非常に困難とするものだからである。心というものは生長の初期にあっては、経験の不足、能力の無試験、人生において遭遇するいろいろな困難、および自己の能力に関する誤解のためにいまだ劣等なものである。人心は漸次発展してゆく自己自身の能力にしばしば驚く。しかし実は、自己の努力もしくは他人との協力によってできた創造的行為の結果を一種の神寵《しんちょう》もしくは好運のおかげだと考えたがる。一切の文化は生命の創造的動力に対するこの種の誤解期を経過してきている。日本人も除外例ではない。

　この傾向は皇帝とたたえまつる日本最初の統治者、かむやまといわれびこ（神日本磐余彦）すなわち神武天皇の御代に現れている。神武天皇は、神話によれば、ににぎのみこと（瓊々杵尊）の孫で紀元前六六〇年に即位せられた。日本歴史初期の年代については異説があるけれども、神武天皇が第一代の皇帝であることは承認されている。天皇は進撃的武将で、領土拡張主義者で、また協力主義者であった。そうして天皇の鍛え上げられた創造的能力によって大和朝廷が建設せられ、文明の恩沢は天皇によって始められた政治的中心地より全日本に普及した。しかるに、何か困難なことが起こるときには天の助けが与えられるという信仰を興そうという企てが天皇の御代にあった。すなわち古事記によると、神武天皇は熊野山地出征中、天より『横刀《たち》』を賜った。そして天皇がその剣を受け給うや、敵は『みずから皆切り仆《たふ》さえ』た。その意味は、その剣を用いる前に敵人は切り殺されたというのである。古事記によると、もう一つの場合には、神武天皇のある遠征の際、道案内者として天から烏が送られている。ところがその烏は故意ではないけれども、天皇を伏兵の中へ導いたので、天皇は敵将を裏切った弟君によってやっと救い出された。

　非常時に当たり、自己の能力を信頼せず、天から奇跡的援助を求めようとする原始的傾向をここに見ることができる。すなわち、神武天皇の開拓事業における成功を天皇自身の努力の功績とはせず、神力の指図による結果と解釈する傾向が天皇の臣下の間にあった。このようなものは全能者が人事を支配するという間違った思想への動きを示すもので、その趣旨は天の寵児としての神武天皇をいやが上にも大きくしようというのであったろうけれども、かえって天皇の創造能力を小さくしてしまった。天から物質的援助が与えられるというこうした思想が、もし永久に日本文化を支配したならば、神道はその種の迷信のために破壊されてしまったであろう。奇跡に頼るということは自己努力を軽んずることであり、結局は破滅である。神武天皇は日本国家主義の開拓者とたたえられている。しかしながら天皇の治世は、まだ神道に対する完全なる創造的理解の域に到達していなかった。

神武天皇に続く八代の天皇についてはその系図以外ほとんど何も知られていない。上古の記録はその治世中に起こった何らの展開をも示していない。ある種の進歩はあったに相違ないけれども、それは伝説の中に採り入れられるほどの重要性を持ったものでなかった。創造的動力はいまだ動揺していた。

神道は、日本の人心を導いて完全なる自己信頼に転向させてはおらず、奇跡に対する信仰はまだ破壊されていなかった。日本の伝説によれば、神武天皇以後七代の天皇の治世である紀元前三世紀に、中国の道教徒である徐福が不老不死の薬を求めてきている。その墓が今なお南紀州の新宮にある。また天皇と天照大神との間にある神道流の相違点をなくそうという運動も興っていた。神話に従えば、にぎのみことが天から地上に降りる際に授かった神鏡は、天照大神の象徴であった。その際ににぎのみことは次のような詔を受けられた。

此の鏡は、専《もはら》、我が御魂《みたま》として、吾が御前《みまへ》を拝《いつ》くが如《ごと》、斎《いつ》き奉《まつ》り給へ。（古事記）

つまり、最初から神鏡と君主との区別は強調されており、君主は神鏡を天照大神自身と考えて尊崇せよと命ぜられたのである。神道の考えからいえば、天照大神は天上地上一切の神霊の包括的帰一の人格的表現である。したがって一切を包括する神霊がいかなる人格にも優れていることを認めないこと、またいかなる方法によっても天照大神を制限することは神道の原理にもとることである。神道は個々人の創造力を認めるが、神霊の最高帰一は個人以上である。に、に、ぎ、の、み、こ、とに与えられた神鏡は天照大神の神霊的帰一を表示したものである。しかし、神武天皇以後八代の天皇の治世中、神鏡は天照大神のみの象徴だという特色を失うにいたった。なぜなら、神鏡と君主との間には何らの区別も設けられぬようになったからである。すなわち、君主と天照大神との間には何らの相違点も存在しないと考えられるようになったのである。こうしたものは神道ではない。上代の伝説に関する信憑《しんぴょう》すべき神道の記録たる古語拾遺にいわく、

此の時に当って、帝と神と、其際、未だ遠からず。殿を同じうし、床を共にし、此を以て常と為す。……天照大神、本帝と殿を同じくし給へり。故《かれ》、供奉の儀、君神一礼なり。（注一）

神道神話が他の天つ神々の個性を認めるのは、天照大神が神霊界の統一を表現するのに対して、個人的努力を尊重する神道的精神を表現するためである。それなのに、それらの神々もまた忘れられようとした。従来、大和の地方神で、地方統一の象徴である国つ神、倭の大国魂神は宮中に祭られていた（注二）。この神と天照大神とは『天皇の大殿の内に並べて祭る』と日本書記に書いてある。神道を変更して、地上における全能者を信ずる原始宗教に堕落させようとする運動はこ

こにその起源を有する。もし天照大神と君主とを同一視するこのはかりごとが成功したならば、宮中というものは、一般大衆の考えでは天以上のものとなり、天皇は人間界の一切の出来事に関して責任を持つべき地上における全能神だと考えられるにいたったかもしれない。

古語拾遺には、帝と神鏡とは宮中において同床を占めたとあるが、その意味は、天照大神と天皇とは地上の住居において一体になったと考えられたということである。天照大神は神道の天祖であって地上に降りてこない。天照大神は全神霊を統一する全体である。個人的な地上神（国つ神）以上の方である。天上の統治者たる方を宮中の帝と同一視することは、神道の活力を奪うのみならず、さらに人民を堕落させることでもあった。この種の信条はいろいろな民族によっていろいろな方法で幾度も信奉されているが、いつもその結果、人々は君主を奇跡力を有する地上神だと信じるにいたる。こうした教義の支配下にあっては、人々は自己の創造力拡大のために努力せず、ただ神化された君主が彼らの幸福を提供してくれることを期待し、ついに自己発展の能力を失うにいたる。神道は、天上における天照大神にさえ奇跡を行い得る力を与えていない。したがって、地上の統治者が何らかの超自然力を持つというような信仰によって神道は繁栄させるということはなかった。

国民がその統治者を地上における神だと考えることの結果がどうなるかということを示す最も顕著な現代的実例はチベットである。チベット人はダライ・ラマを一般人類と区別して神と考えている。すなわち彼のみが地上における神霊を独占していると迷信している。チベット人は国王を礼拝することにより自らを卑しめ、かつ国王は全能神だという信仰を嫌悪すべき行事によって表現している。チベットは反動と堕落とのあだ名である。彼らは進歩ということに何らの興味をも持たない。彼らは創造的行為を理解せず、彼らの文化の上に機械観という死のマークを付している。このように、自信と自己発展との道を離れて地上に存在するという彼らの全能神に自己の運命を委ねるならば、いつしか滅亡に見舞われるだろう。こういう方向を採る文化の滅亡は、生命の途上での悲劇的な破綻である。

もし日本人が創造的行為と自己発展との生得的能力を継承していなかったとすれば、この時代における神道発展上の停滞は日本人にとって恐るべき結果をもたらしたろう。それは神道の暗黒時代であった。だが日本人の潜在意識的創造力と自信とは破壊されなかった。神道の内面的直観力はそれに対して何もできなかったけれども、まだ滅んでいなかった。適当な指導者さえ現れれば、全能神が地上に存在するという邪説を滅ぼして神道を復興することができた。神道は自己発展と個人的努力とに関する原始的直観に共鳴する創造的活動家が権力を得ることを待望した。天照大神は宮中に局限されていた。このような退歩的運動を破壊して、国民が自己の創造力に対する信頼の念を復活することが必要だった。各人はみな天つ神を先祖として持っており、神的活動としての進歩のために努力しなければならないという真の神道思想が高調されなければならなかった。天照大神は宇宙的神霊としての地位に復帰されなければならなかった。そして全能者のおかげでなく、人間の努力によって人間の進歩がもたらされるということを人々に知らせる必要があった。日本は暗黒時代から脱出するために神道ルネサンスを必要とした。
　その指導者は十代の皇帝、みまきいりびこいにえのすめらみこと（御間城入彦五十瓊殖天皇）、すなわち諡号《しごう》でいえば神の尊崇者を意味する崇神《すじん》天皇であった。祖神を尊崇するということは天上の神霊を尊崇し、神霊統一の源泉を自己一身の人格に独占しないことを意味する。崇神天皇は自ら神を尊崇することによって、原始日本における全能神信仰の傾向を阻止してしまったのである。天皇は日本国民を暗黒時代から導き出し、帝と天照大神の神鏡との同殿居住を廃し、天の統治者と地上の君主との間に何らの区別を設けぬという主義を破った。上代の記録によれば崇神天皇は紀元前九七年に即位し、六七年間統治されたのだが、この時代は神道にとっては日本歴史中最も収穫多き時代であった。崇神天皇は神道における最も偉大な天才であった。天皇は大いなる独創的精神と強烈なる意志とを持ち、かつ新しい進歩の道を開くことを恐れなかった。しかも経済的困苦による謀反と、天皇の統治に対する反抗に基づく謀反とを区別し得る稀有の能力を持っていた。後者の場合は弾圧しなければならないけれども、前者の場合は政策を変更して同情を表さなければならない。崇神天皇は日本の君主中における最初の人本主義者だった。彼が即位後直ちに発した詔書が、日本書紀には次のように記されている。

　惟《こ》れ、我が皇祖、諸の天皇等、宸極《あまつひつぎ》しろしめすことは豈《あ》に一身の為ならむや。蓋《けだ》し人神を司牧《ととの》へて天下を経綸《をさ》めたまふ所以なり。……群卿、百僚爾《いまし》の忠貞を竭《つく》して、並びに天下を安くせむこと亦たよからずや。

崇神天皇はまた、帝と天照大神とが同床を占めるという政策を継続して自己の利得を求めようとしなかった。天皇は国民の福祉のために、物質的状態を改善しようとする人間的努力の模範を示すことによって、人々に利益をもたらそうとした。教育、戸口調査、徴税組織、運輸機関の発達、造船、農業の改善などに関する日本歴史最初の記事は、すべて崇神天皇の治世中にある。もちろん、これらの一部は彼以前にも原始的活動があったに相違ないけれども、最も効果的な発達は崇神天皇の指導のもとになし遂げられたのである。天皇の治世に関する日本書紀の記事は次の通りである。

天皇群卿に詔して曰く。民を導く本は、教へ化《おもむ》くるに在り。

始めて人民を挍《かむが》へ、更に調《みつぎ》、役《えだち》を科《おぼ》す。此れを男の弓弭《ゆはず》の調《みつぎ》、女の手末《てなすゑ》の調《みつぎ》と謂ふ。（女子にも課税されたのだから女子にも公民権が認められたのだろう）

詔して曰く。船は天下の要用なり。今海辺の民、船なきに由りて、甚だ歩運《かちはこび》に苦む其れ諸国に令して船舶を造らしめよと。

詔して曰く。農は天下の大本なり。民恃《たの》みて生くる所なり。今河内の狭山《さやま》の埴田《はにた》水少し。是を以て其国の百姓、農事を怠れり。其れ多《さは》に池溝を開《ほ》りて民の業を寛《ゆる》めよと。

日本書紀によれば、崇神天皇は二子の長所を試験して皇太子を定めようと思い、その二子に夢を見させた。その意味は、終夜君主観を考えてこいということであったに相違ない。両人とも三諸山に登った夢を見たと言った。なお長子はさらにこう言った。

東に向きて八たび槍にて突き、八たび太刀打ちす。

次子は言った。

縄を四方にはへて、粟を食む雀を逐ふ。

崇神天皇は好戦的な兄をやめて弟を太子に立てた。なぜなら天皇は、日本のために、戦争でなく、平和と産業的進歩とを求めたからである。

崇神天皇の根本的気性は実際的であった。天皇は社会から離れた、人情に通じない皇帝ではなかった。天皇は快活な自然人で、必要なときには緊張するけれども、一面また陽気な人好きのする方でもあった。天皇自身も酒によって詩的音楽的な気分になり、天皇の位にありながら、心合えるものどもとの宴会に加わった。日本書紀には終夜宴会が続いたと記してあるが、夜が明けたとき、崇神天皇は次のように歌った。

美酒《うまざけ》、三輪の殿の、朝戸にも押開かぬ三輪の殿戸《とのと》を

日本書紀は付言して、『即ち神宮の門を開きて幸行《いでま》す』と述べている。しかしながら宴会でくつろぎ得るこのような人間味は、刑罰を課するときの厳格さも持ち合わせていた。天皇の進歩的統治に反抗した辺境の土着民に対して軍事的行動を執るべきことを命じた崇神天皇の詔が日本書

紀に記されている。

遠荒《とほきくに》の人ども猶ほ正朔《せいさく》を受けず。是れ未だ王化《わうくわ》に習わざればか。其れ群卿《まへつきみ》たちを選びて四方に遣はして朕が憲《のり》を知らしめよ。

この遠征は四道《しどう》将軍の出征といわれている。この事件の重要性は遠征が成功したという点だけにあるのではない。個人主義的活動と自己責任観とを奨励する崇神天皇の天才と、進歩の方法としての地方自治に対する崇神天皇の認識とがこの事件によって証明されるところにもその重要性がある。

此の事業のために選ばれた指導者は凡て皇族であった。……大和軍はかかる上代において敵に向って幾百里も進撃した。……ある種の永久的統制が必要であった。右四皇子将軍の子孫たちは幾代も幾代も地方豪族の地位を占めたということが間接に立証される。……この種の地方分権制度に対する最初の偉大なる動力は崇神天皇の四道将軍派遣に基づくものであると結論するのは正当であると思われる。（注三）

崇神天皇がこうした地方自治を許したのは、天照大神と君主との同殿論を破壊したと同じく天皇の創造的天才的な根本的特質に基因している。崇神天皇は精神的にも政治的にも地方分権主義者であった。神鏡が宮中に奉安され、かつ帝と天照大神とを全然区別しない以上、地上における中央集権的全能神の思想がますます深く一般民衆の心に食い入りて彼らを堕落させるのは当然であった。

崇神天皇は四道将軍によって鎮圧された諸地方が、君主としての天皇の人格によってよく統一されたにもかかわらず、それらの諸地方に自己発展の自由を与え、独裁政治を行うことを欲しなかった。天皇は同様の自己発展的創造的本能により、あえて『天照大神は地上における独裁的統治者である』という信仰を停止した方でもある。神霊の帰一を表現する天照大神の天上的人格に精神的に感応しながら、人間が自己創造的に地上を統治するという神道の信条は、かくして崇神天皇によって日本にとりもどされた。日本文化の精神は崇神天皇によってかく未曾有の発展を遂げたのであるが、それは国内関係における日本の一大危機に際して、天皇の心中に動いた潜在意識的神道的直観（実在に関する）に起因している。崇神天皇の即位後間もなく国民を脅威するもろもろの災厄が起こったが、それは単に天皇の創造的天才を刺激するのに役立っただけであった。治世の五年目に『国の内に疾病多くして民に死亡《まか》れる者あり。大半に及《す》ぎなんとす』と日本書紀は述べている。六年目には『百姓流離《さすら》へて、或は背反《そむ》くものあり。其の勢い「徳のみを以ては」（注四）之を治め難し』。これは実に一大危機であった。なぜなら『徳のみを以て』はその謀反を鎮圧することができなかったからである。『徳のみを以て』とは全能力を意味するが、崇神天皇の徳は疾病および謀反を治め得なかったというのである。しかし古語拾遺は帝と天照大神との間に何らの区別もなかったと説明しているから、天照大神も『徳のみを以て』は国民を救えなかったことになる。日本書紀におけるこの場合の『徳のみを以て』という言葉は、従来、国民は徳のみをもって災厄から救われることを宮中に期待したことを意味する。ところが事態は絶えず悪化するばかりだから、人々はこういう力を信じなくなった。崇神天皇は危急非常の事件に遭遇して袖手傍観《しゅうしゅぼうかん》して成り行きに任せるような種類の統治者ではなかった。天皇もまた『徳を以て』は人民の自信と精神的訓練とは回復し得られないことを悟った。日本書紀にいわく、

是を以て晨《つと》に起き、夕までに惕《おそ》りて、神祇を請罪《のみまを》す

しかしながらこれは神道の言葉でない。なぜなら日本の君主は国民的災厄に対して罰を受けなければならないという考えは、いまだかつて神道には存在しなかったからである。それは中国の習慣である。上古の神道の伝統を八世紀に文字に書き表した日本の著者は中国思想によって惑わされたのである。しかしながら、『徳を以て』は災厄を防止し得ないことが明らかになった後、崇神天皇は、この非常時に際して、まる一日（おそらく実際は幾日も）早朝から夕刻まで沈思熟考したという伝説が存在していたことは確かである。崇神天皇は創造的な諸能力の活動により、平安状態を回復するために採るべき新しい手段について熟慮したのであろう。これは当然のことである。

神鏡と神剣（同じく宮中に奉安されていた）とは困苦状態を克服し得る魔力を示さなかった。しかし、古語拾遺には、崇神天皇は神鏡神剣と『殿を同じうし玉ふこと安からず』と記されてある。宮中にあると考えられた全能なる神霊が『徳のみを以て』国民を救済しなかったので、『徳のみを以て』主義は、もはや信頼することができないことを公然と承認することが必要となった。すなわち、宮中の全能神を信頼することから人心を転向させるためには、ある種の行動が必要に

なってきた。崇神天皇は『惕《おそ》り』謹める日の後、革命的な手段を採った。天皇は神鏡と神剣とを宮中より他へ移すことを命じ、人間の出来事が『徳のみを以て』支配されるという信条を永久に神道から破壊した。崇神天皇は全能神という邪説と絶縁し、自ら日本国民の創造的自己発展の指導者となった。このことを古語拾遺は次のように述べている。

磯城《しき》の瑞垣《みづがき》の朝に至つて、漸く神威を畏み、殿を同じうし玉ふこと安からず。仍《よ》つて倭の笠縫の邑に就いて、殊に磯城神籬を立て、天照大神および草薙の剣を遷し奉り皇女豊鍬入《トヨスキイリ》姫命《ヒメノミコト》をして斎ひ奉らしめ玉ふ。

崇神天皇が天の統治者の象徴を他へ移したのは、自己を天照大神以上のものにしようという考えからではなかった。天皇の趣旨は天照大神を天上における神霊統一の中心としての正しい神道的地位に復帰するにあった。なおかつ神霊は、『徳を以て』自己努力をする必要を人間に免れさせることができるという考えを破壊するということも天皇の趣旨であった。さらに天皇は、天つ神と人々との間にある祖孫関係を取り戻し、神霊に対する国民自身の責任を改めて強調することを欲した。

第一代の天皇が自ら住む宮中に神器を奉安せる際には、孝行の本能と祖先崇拝の原理とはほとんど無差別であった。しかし時代が進んで神代から遠ざかるにつれ、家族的親愛の情よりも恐れ多いという感情の方がより強く儀式の中に浸潤し始めた。（注五）

換言すれば、人と神とは同じもので、天上の神霊と人類との間には親子の関係があるというのが神道の意味である。しかし、しだいにそのことを忘れる傾向が高まり、崇神天皇時代にまで及んだ。宮中以外の人と、宮中に鎮まる神霊とを精神的に引き離す運動が進展したのである。しかしながらそれは神道ではない。崇神天皇はこの運動を停止し、それによって、天照大神と君主とは祖孫一体であり、天つ神霊と国民との間にも祖孫関係があるという原始的な神道原理を復興した。したがって神器が宮中から移されたときに、一般民衆が非常に歓喜したのは当然であった。古語拾遺には『宮人、皆参り、終夜宴楽す』と述べている。彼らは面白い歌を歌ったが、古語拾遺に出ているその歌の古代語はいろいろに翻訳されている。

今宵の大宴会の楽しきことよ。我ら宮人は神器遷座式に参列して終夜の宴楽に耽る。今夜の雪景色の美しきことよ。

神器遷座式に参列せる我ら宮人は美しき聖悠紀殿に於ける終夜の大宴楽に耽る。

我ら宮人終夜楽しまん。神酒の味の佳さよ。神器遷座式に参加せる宮人の着衣の美しくまた長きことよ。膝の下にまで達せり。（注六）

天照大神を天上に奉還したこと、天照大神と君主との間には何らの区別がないという教理を廃棄したこと、全能神が国運を支配するという信仰の生長を抑圧したこと、天照大神と君主とを祖孫関係において同一視し、かつ国民と天つ神霊とを結合する古神道の信条を復興したことは、このように一般国民から歓呼をもって迎えられた。宮人たちの歌は創造的自由の神道讃美歌と考えてよい。八百年も後になって著された古語拾遺を見ると、依然として右の歌が次のような文句で歌われている。後代の人々もこのことを喜んだのである。

宮人のおほよそごろもひざとほし
ゆきのよろしもおほよそごろも

（神器奉遷の式に於ける宮人たちの着衣の美しきことよ。ああ神器奉遷の行列の美しき哉）（注七）

しかしながら、崇神天皇の行った改革は神器の奉遷だけでは完成しなかった。いろいろな不幸はなお続いた。日本書紀によれば、崇神天皇は神代において出雲国を経営した大国主命の神霊を祭らなければならないことを占卜《せんぼく》によって注意されている。崇神天皇は天照大神を祭り終わって、今や神話中の他の大神たちを考えたのであった。大国主命が天皇の注意を引いた最初の神であったことは当然であった。大国主命は神道神話に現れた人間の最初の偉大なる創造的活動家であったからである。崇神天皇が大国主命に対して国家的崇敬を回復しようと希望したのは、大和と出雲との連絡を緊密にしようという政治的理由もその一因をなしていただろう。崇神天皇は大国主命を祭った後、日本書紀によれば『また、便《たより》に他神を祭らんと卜《うらな》うに、吉《よ》からず』。すなわちこの機会において他の神々をも祭ろうとしたけれども、それは不吉だという占いが出た。したがってこの言葉から見れば、崇神天皇時代までは個性を備えた創造的神霊としての他の神道の神々は無視されていたことが分かる。そこで崇神天皇は国民の間にそれらの神々に対する崇敬の念を復興し、それによって創造的神霊の個別的な姿を認識しようと考えたのである。占卜がこの意図に反対しているのは、疾病が依然として終息しないので、天皇に対するある種の反対が起こっていたことを示すのである。だが崇神天皇はそんなことには妨げられなかった。天皇は自己の意図に一致しない占卜を信用しなかった。その三ヶ月後、日本書紀に次のように述べている。

　他神を祭らむと卜ふに吉《よ》し。便《すなは》ち別に八十万の群神を祭り、依りて天つ社、国つ社、および神地、神戸を定む。是に於て疫病、始めて息《や》み、国内漸くに謐《しづ》まり、五穀すでに成りて百姓饒《にぎ》はひぬ。

　こうして神道の復興は完成した。崇神天皇は宮中から神器を奉遷することによって地上における全能神という邪説を破壊した。天皇は天照大神を全体統一の神として祭ることにより、大神を天上へ取り戻した。さらに他の個別的祖神にも創造的神霊を認めることにより、天上の天照大神に全能力を結びつけることを阻止した。幸いにして崇神天皇の改革の完了と時を同じくして疫病も終息した。人民の間における精神的自重心の復興と、自己信頼の念の復興ということもまた、国民の災害を阻止するのに力になった。精神の復興と新しい活動への指導とは、常にそうした力を示すものである。運命でなく、不撓《ふとう》な活動が崇神天皇を成功させたのである。

　神器を宮中から奉遷した後にも災厄が続いたときでも、崇神天皇はそれを恐れて再び神器を宮中の寝殿へ取り戻すようなことをしなかった。大国主命を祭っても事態はよくならなかった。しかし天皇は躊躇しなかった。すべての神の個別的人格表現を承認すべきでないという占いが出たときには今一度占わせた。天皇は初期の目的に向かって前進運動を続けた。天皇は事実、疫病終息の好運に恵まれたのであるけれども、悲観的に時機尚早論を唱える臆病な助言者に耳を傾けない偉大な前進運動の指導者は、結局は好運に恵まれるものである。崇神天皇は神道を復興し、かつ皇位に連関した伝統となっていた地上の全能神という間違った考えから自発的に超脱した日本歴史中最初の君主たるために二年の歳月を要した。天皇は、地上における天上の全能神的独裁権を放棄することにより、作為を真実と取りかえ、かつ日本人に神道の創造的動力を取り戻した。

崇神天皇が日本を統治していたとき、ジュリアス・シーザーは古代ローマを支配していた。両君主は生命の十字路において反対の方向を採った。崇神天皇は日本の天皇を地上の全能神にしようとする伝統を否認した。ジュリアス・シーザーは自分を地上におけるジュピター神として彫像を造ることを命じた。ローマの人民はシーザーの自己免許的全能神の前にひれ伏したが、日本は絶えず崇神天皇によって開かれた道を追い、膨張進歩の創造力を開発した。ローマはジュリアス・シーザーの道を追って創造の本能を失い、人々は自重心と責任感とを毒された。日本は崇神天皇時代より現代にいたるまで、ますます偉大になった。ローマはジュリアス・シーザーのとき以来衰亡して、今日では単に記憶に残っているだけである。崇神天皇は自己信頼と自己努力とを奨励することにより、日本を創造的活動へ転向させた。ジュリアス・シーザーは全能者の信仰によってローマを機械観へ転向させた。人類の歴史には常にこの二つの道が生命の信仰を待っている。自己責任感はいつでも全能神を去って進歩の道へと導くが、全能者が人類を支配するという信仰はいつでも堕落と破滅とをもたらす。

崇神天皇は単に神器を宮中より移すことにより、神と人とを引き離したのではない。天皇は間違った全能神という考えを人間から引き離したのである。神霊は万物に偏在しているという思想を天皇は日本文化に取り戻した。天皇は地上の神を宮中のみに限っていた伝統を粉砕し、それによって神霊的専制主義の信仰を破壊し、かつ精神的自己創造の神道原理を復活した。高い水準の文明を持っていた古代ローマがその統治者を空虚な全能神とすることにより、自ら破滅しつつあった際に、上代日本では人間の幸福に関し、これほど重大な手段が講ぜられた。このことは実在に関する神道の直観的知識がいかに深かったか、また崇神天皇がいかに深くその知識を潜在意識的に理解したかを物語るものである。

十二世紀以後、頼朝は、崇神天皇のように神道的直観に基づいて、日本の政治的首府を神霊的首府から引き離した。頼朝時代の政治家たちは皇位のかげに隠れて国民を独裁的に支配することにより、自ら全能者たろうとしていた。崇神天皇が全能者を宮中以外に移したのに、後代の政治家たちは自らを天皇の意志の独裁的代弁的だと潜称して、政治を自分たちのほしいままにするため、全能者を宮中の政治的周囲へ取り戻そうと考えた。もしこの傾向が日本文化に長く続いていたならば、日本は崇神天皇時代以前の状況に復帰したであろう。そして全能力は天皇側近の廷臣たちに簒奪《さんだつ》されたであろう。崇神天皇によって、宮中における全能神の信仰より日本を救った神道の直観的創造力は、同様に頼朝によって、政治上における全能者から日本を救った。したがって頼朝は崇神天皇の意志の政治的反映だといってよいだろう。

崇神天皇に対して同時代の人々が奉った賛辞を見れば、いかに天皇の偉業がその生前から認識されていたかが分かる。古事記にいわく、

> 故《かれ》、其の御世を称へまつりて、初国《はつくに》知らしし御真木《みまき》天皇《すめらみこと》とまをす。

初国とは、崇神天皇の御治世は神道の暗黒時代より脱出した最初の御代であったという意味である、人民はまた、崇神天皇をはつくにしらすすめらみことと称えている。すなわち建国の天皇という意味である。崇神天皇は神道の創造的精神の基礎の上に日本国を建設した。崇神天皇はその当時の明治天皇であった。

明治天皇のように、崇神天皇は革新を要する古い伝統に直面して、創造的活動に対する新しい刺激を与えた。かつ明治天皇と同じく自己発展と進歩との新しい道へ日本を導いた。近代日本の文明の礎石ともいえる有名な明治天皇の詔勅は、さながら符節を合わせたように、上代日本における崇神天皇の詔勅と似ている。崇神天皇は原始的環境の中にあって現代的精神を持っていた。天皇はこの点において、神道が持つ実在に対する潜在意識的知識を反映している。崇神天皇の性格と業績とを研究することは、創造的自己発展という根本的特色を神道に与えた日本の原始的民族精神を知ることである。もし日本が崇神天皇によって導かれた道に従わなかったならば、神道は、日本歴史の初期において消失し、現代に存在しなかったであろう。

崇神天皇は根本的には非中央集権主義者であった。進歩のためには個人的努力、自己信頼および人間的努力の必要なることを強調し、かつすべての祖神たちを認識することによって、日本が機械観と精神的反動とに陥ることを免れさせた。ただし、すめらみことは個人的努力と人間的進歩ということ以上の意味を持つ。宮中から神器を奉遷したことは決して日本の君主の持つ独特な神道的地位を妨げはしなかった。崇神天皇は、すめらみことに関する間違った意味を禁止したために本当の神道的意味におけるすめらみことの復興が可能になったのであるが、神器の奉遷はそのための先駆であった。

注

（一）　加藤玄智、星野日子四郎訳英文古語拾遺第三版による（三五頁および四六―七頁）。なお加藤教授は著者に語っていわく、『ニニギノミコトに賜はった神剣も亦神鏡と同じく天照大神を象徴するものと考へられたと思ふ』と

（二）　ポンソンビー・フェーン博士は『大倭神社』において、倭大国魂命は宮中においては矛をもって象徴されたという意見を述べている。加藤教授も同意見である。なお民間信仰においては結局この神はより包括的な神、大国主命と結合してしまったと信じると、教授は著者に語った

（三）Brinkley 前掲書七九―八〇頁
（四）英訳日本紀における by worth alone の和訳。古事記の原文そのままではない。（訳者注）
（五）Brinkley 前掲書七九頁
（六）加藤玄智、星野日子四郎共訳前掲書、七三―四頁。評注七四
（七）加藤玄智、星野日子四郎共訳前掲書、七四頁。評注七五

第七章　すめらみこと

日本の歴史は絶えず個人主義と統一主義とがその勢力を張ろうと対立している。崇神天皇の治世以前は統一され過ぎ、全能神の信仰が日本文化を占領する危険が生じた。個人的責任感が衰えてしまい、神道においても人々は自己の正統な祖神を忘れてしまった。崇神天皇は強い個人主義によって新しい進歩の道を開くために、開拓者として努力した。崇神天皇は天照大神と代々の天皇とを区別しない説を退けたが、同時に天照大神と代々の天皇との間には、切っても切れない結合があるという事実を強調する必要があった。その結合は、天照大神が代々の天皇の天祖であるという事実と、日本国民は代々の天皇と天照大神との関係によって単一なる全体に統一されるという事実とに基づく。

実際に、個人的努力は崇神天皇によって開かれた道を追って進むべきであった。また人々はその精神的個性を保持すべきであった。なぜなら物質的進歩のための協力は、個人的努力の発展によって可能だからである。しかしながら同時に、天と日本との精神的一致を強調する必要があった。もしそうしなかったとすれば、神道というものは神霊的個人主義風なものになり、神霊的統一に関する原始的直観の中の重大要素を失うにいたったであろうからである。

統一ということに関する神道流の意味が、日本における国民的統一の発展に、他の国とは違った進路を採らせている。神道においては、日本および日本人は天における根本的創造的神霊から引き離された存在ではない。すべては祖孫関係において一体である。物質的面と精神的面は真の意味で何の相違点もない。神道では、人が天上の神と一体になるために、死を待つ必要はない。人類はその個人的客観的存在において常に神霊である。またその神霊的本源との主観的一致においても常に神霊である。この原理は神道の神髄であり、日本人の潜在意識的な力である。したがって、いかにしてこの神道的統一観を絶えず国民に自覚させるかということは、日本の国家的発展を期する上の重要問題であった。この問題は崇神天皇の神器奉遷以後、再び強調されるようになった太古の神道的君主観を奉ずることによって解決された。

神道は、日本を物質的な島々の一団に過ぎぬとは考えない。日本、広義に解すれば全宇宙は、主観的創造的神霊の客観的発展である。日本は創造的神霊によって造られたものではない。日本それ自身が創造的神霊である。ただその神霊が形体化したのである。同様に、日本人も一切の創造作用の天上的主観的源泉から顕われてきた創造的神霊である。日本人は創造的神霊によって造られたものではない。日本人自身が創造的神霊である。ただその神霊が生ける客観的形態を採ったのである。『日本は神国なり』という語はこの思想を表現したものである。日本人は選民であるという意味ではない。神道の神話は日本の歴史であって世界の歴史ではないから、天上の神霊がいかに日本民族の間に創造的に展開したかということのみを説明する神話の中には、どこにも選民思想はない。比喩的にでなく、本当に、神道は天上の神霊が主観の世界から日本および日本人という客観的形態に展開すると考える。この神道思想を現実的な意味において理解しなければ、日本人およびその君主の国家主義的進化を誤解することになる。

現代の理論は、この種の信仰を何の現代的意義を持たない、また単に珍しい伝説としてのみ保存された、空想的な、あるいは古くさい原始的迷信だとするかもしれない。現代の理論が神道の中に含まれた根本的真理を洞察することができないとすれば、それはまだ現代人が西洋科学の新学説に通暁していないからである。西洋科学の新学説は違った言葉を使うけれども同じ意味のことを指示しつつある。すなわちアーサー・エディントンは宇宙の根本的実体について新しい科学の洞察するところを次のように述べている。

私は私たちの到達したと思う実在の瞥見《べっけん》についてできるだけ判然と述べようと思う。……世界を造り上げている資料は心的なものである。もちろん世界を造り上げている心的資料は私たちの個人的な心よりも、もっと一般的なものである。しかしながらその性質は私たちの意識中における感情と全く違わないものと考えてよい。（注一）

もし世界を成立させている資料が心的なものだとしても、それは本来主観的なもので、客観的なものではない。なぜなら、私たち自身の心というものがそのようなものであるからである。アーサー・エディントンは他のところで、新科学の非宿命論的、非機械観的なことを説明している（注二）。すなわち、いわゆる心的資料なるものは私たち自身の心と同様に、創造的でもあり主観的でもある。したがって心的資料なるものは全能者の命令によってでなく、自己の創造的活動力によって客観的宇宙、および生命に発現進化したものでなければならない。すなわち、心的資料は自己発展の結果として、日本―日本以外の物質的宇宙―および日本人―日本人以外の一切の国民および各種の形態における全存在―になったのである。古い古い大昔の日本において神道は、現代科学の説く心的資料なるものを人格化して神と名づけ、その神が創造的膨張によって宇宙になったと信じた。今や現代科学は神道に追いつこうとしている。なぜなら科学が仮にも『心』という語を用いるのは、必然的に人格主義の採用を意味するからである。したがって日本および日本人を神（すなわち自己創造の神霊）の客観化と見る神道思想は、現代科学に対して自己を弁護する必要はない。現代懐疑思想に対しては特にその必要がない。

宇宙を構成する心的資料なるものの性質は『我々の意識中における感情と全く相違せざる』ものであるから、さまざまな形態を採るにしても、個性的衝動とともに統一の原動力を内に有するものだと理解してよい。私たちは私たちの個性を感ずるのみならず、他の人との結合に対する欲求をより強くするのは、私たちが絶対的な個人主義が大嫌いだからである。私たちは他人との協調を熱望するから、個人主義的孤独（絶対的個人主義）が続くと私たちの心は砕かれてしまう。しかもそれは、最も悪性の心的苦痛である。神的創造的動力は個人的努力を要求するが、協力と統一と一致とはもっと根本的なもので、個人主義が解体して孤立してしまうことを防止する。一切の神霊はその創造性の起源を天上に有することにおいて一つであるが、その一切の神霊の帰一を人格化して天照大神と称えている。同時に、創造性の主観的源泉から、さまざまな創造運動が客観的発展を求める。神道ではこれを人格化して八十万の神と称えている。

神道の神話に従えば、これらの創造運動は、その統一的な源泉の範囲内において個性を有するけれども、そこには統一者たる天つ神、すなわち天照大神もある。八十万の神が各自の個性を客観化すると同様に、統一者としての天つ神もまた客観化される。日本人というものはこうして客観化した天つ神が、神霊の自己創造によってできた日本という宇宙の一区域において、個人的に表現したものである。そして日本の君主は、創造的神霊の統一者たる天照大神の日本における客観化的表現である。神道においては、神霊的な天祖を有する事実においては、君主と人民との間に何らの区別もない。いかなる全能神の思想もなければ、神霊性の独占もない。区別はただ神的個性と神道流な神的統一との間の区別である。

日本人は、客観的自己創造をなす個性を備えているところの神だと、神道が理解していることは極めて明瞭である。神道の古語では男子をひこといい、女子をひめという。ひこは日子を意味し、ひめは日女を意味する。神道においては天照大神は天の統治者たる日神であり、日子日女たる男女は『天孫民族』と称えられる。

さらに、神道では日本人をみことという。みは神的という意味の敬称である。そしてことは事物、あるいは事物の意味での存在である。したがって、みこととは神的存在もしくは天に起源を有するものを意味する。なお神道神話においてはみことという語はかみという語の代わりにも用いられる。天照大神はあまてらすおおみかみといわれるが、その兄弟はすさのおのみことといわれる。神道においては、かみとみこととの間には真の区別はない。したがって人はみことであると同じくかみである。神道においては人とかみとは同じ意味を有する。みこととしての人は自己創造的、自己発展的で、天つ神の機械的な所産でなく、神自身の客観発現である。ゆえに筧克彦教授はいわく、

　みことは人たると否とを問わずむすびを具現するものを意味する。……むすびとは創造、発展および支持の源泉である。（注三）

　二人の本源的な造化神を神道神話でむすびと呼んでいるが、それは主観の世界から客観の世界へと最初の進出を遂げる創造的活動力を人格的に表現したものである。みことあるいは神たる日本人の根本的かつ神道的な意味を捕捉しようと思えば、みことの中にむすびが具体化されていることを理解することが大切である。なぜならむすびという語は、人民を支配する創造・発展・支持の超越的天上神が神道にはないことを明示するからである。みこととしての厳格たる神道的人格を有する日本人は、個々別々にみな自己創造の神で、どこにも全能神に依存する必要はない。

　神は日本人以外にあるのでなく、日本人は客観的形態における神そのものである。W・G・アストンもまたむすびをこの意味に定義し、その神道的意義を『自然以外にあるのでなく、自然に内在する力』と説明し、その例としてむすこ（男子）およびむすめ（女子）という日本語を挙げている（注四）。日本語では男子および女子はむすびの表現である。すなわち彼ら自身が創造、発

展および支持の根本的源泉である。彼らはみこともしくはかみである。地上において個人的形態を採る神道的神霊である。

それゆえに、神道の上からも、上代日本語および現代日本語の上からも、日本人は個々別々にみな地上における神、すなわち創造的神霊であるということには何の疑問もない。この原始的な思想を無視することは神道を無視することである。すべての日本人は神である。神道に従えば、すべての日本人は創造的神霊である。すべてみことである。日本人は創造的神霊の個人的表現である。個人化されたみことである。

次に日本の君主は何といわれているのだろうか。人民を呼ぶために用いられていると同じみことという語が、神道においては君主を呼ぶためにも用いられている。ただし君主は個々人を超越する方だという意味の語が付加されている。すなわちすめらという語が付加されている。この語はすべるという語と同じ語根で、全体として統一するという意味である（注五）。日本の君主の神道的称号はすめらみことである。

すべて日本人はみことである。天皇はすめらみことである。（注六）

神道に従えば、日本人はすべて個人化された創造的神霊である。君主は全体として統一する創造的神霊である。君主は君主自身の個性的人格を持ったのみならず、すめらみこととして個人以外のものである。すなわち日本および日本人の人格化された統一的中心なのである。現代のゲシュタルト心理学によれば、全体は部分の総和以上のものである。全体というものは、すべての個人よりも優越なものである。なぜなら統一された全体というものは、全部分の単なる総和よりも優れた新情勢を造るものだからである。君主に対してすめらみことという称号を考え出したところからみれば、現代心理学がようやく理解しようとしている実在感を、すでに原始的潜在意識的精神が持っていたことが神道によって明らかにされる。

すめらみことは日本における地上最初の君主神武天皇に奉られた称号であった。それから幾世紀もの後、おそらく千年以上もの後、日本人は中国の表意文字を採用した。そしてその漢字を二つ結合して日本の君主に対する中国流の表現法を用いた。当時日本人は非常に中国文化の影響下にあり、先祖たちの根本的原始的な表現法を無視して外来思想を採用することが多かった。この点では現代日本人が非難されるのと同じである。彼らがその君主のために採用した表意文字は中国語ではテンノウと発音するが、以来日本人はその君主をテンノウと呼んできた。天来の自己創造者という意味である。しかし君主の称号に対する日本流の発音は、依然としてすめらみことである。天つ神に呼びかけるときに用いられる古神道の崇敬形式たる祝詞《のりと》においてはすめらみことという称号が用いられている。すめらみことという語は、君主を言い表す純粋な神道語である。

しかし、てんのうという語はそうでない。

すめらみことという語は神霊的意味のほかに非常に古い国民的意味を有し、いかなる外来語にもまさって、非常によく古神道の君主観を言い表している。君主はみことたる日本国民を、日本国の住民たる物質的資格においてのみでなく、さらに天との神霊的関係においても全体として統一するということがすめらみことという語に含まれた意味である。しかし、不完全な言葉でもってこの思想を明らかにすることは困難である。

神道においては、天上の神霊が二つの形式（個人としての形式と統一されたる神霊的一体としての形式と）によって、主観的状態から客観的宇宙に発現する、ということを理解することが神道思想を理解する上で必要である。天上における神霊の主観的統一は、神道においては天照大神によって代表される。そしてこの神霊的統一の客観的発現が、天照大神の地上における子孫たるすめらみことによって人格化される。神道は、この微妙な原始思想を表すのに祖孫関係の比喩を用いているが、これ以上単純化された言い表し方を用いることは不可能である。

同様に西洋の神学も、人類と天との関係を説明するのに天祖という思想を用いる。西洋においても神は天の父として説かれるが、その思想は国家の神霊的統一というところまでは適用されない。西洋神学に従えば、人と天父との結合は、個人的救済または転心という形式（祭司によって規定されたところの）を通じてのみ招来される。西洋においては個人主義的な思想が勝っている。西洋の神学は人間の天祖ということに関する思想を追うに当たり、神道流の自己創造、自己発展の途を通らない。西洋においては、天の父は人類を自己より分離させるが、神道では、天祖は自己創造によって自己を客観化し、そこに何らの分離をも許さない。さまざまな個人主義的な形態が現れるが、同時に全体の統一がある。もし西洋意識にその意味が分からないとすれば、西洋の生活においては個人主義的努力に対する尊重が優勢であるために、不可分離な神霊的実体に関する潜在意識的直観は神秘的で不可知なものだと感じられているからである。しかし神道においては、それは自然な、かつ、はなはだ真実な感情である。一元論と創造的多方面とに関するこの種の原始的直観が、今や新しい科学思想の影響により、西洋人の意識に取り戻されつつある徴候がある。

神道に従えば、すべての日本人は、無空間の天に起源を有する神祖を持つ。自己創造的な本源というものは人間生活の地上発展の継続によって発現するものであるが、日本人はその種の進化の多様にして個人的な中心点である。神道の原理からいえば、すめらみことは神霊的統一者たる神道的人格、天照大神以来一系の皇統を意味する。すめらみことの天祖たる天照大神は物質性以上のものである。最初の起源にさかのぼれば、物質性は消失する。なぜなら物質というものは自己自身の本源的実在性を持っていないからである。物質的宇宙の背後には、その自己創造的本源として純粋な非物質性が存在する。神道の神話は、天および天つ神に物質的な姿を与えている。西洋において、天は多くの住居と真珠の門とを持ち、乳と蜜とで祝福されていると説くのとちょうど同じである。

これらすべて、人間がいかに非物質的な事柄を物質上の言葉で言い表すかに困った結果である。電子が何の物質性も持たないにもかかわらず、現代科学は物質的事物に適用される言葉で電子を論ずるが、それと同じく神道は、高天原、天照大神、およびその他の天つ神を物質的な意味に説くけれども、本当の意味は物質的ではない。いかなる神社においても天照大神の人間的表現はどのような形においても見当たらない。非物質性を暗示するために、全てを隠蔽することがすべての神社における最も大事な神の表現法である。

神道が単純に、高天原という物質的な場所において、物質的な神々が日本民族を生んだという伝説を造ったということであれば、神道の精神的感化は今日まで存続することができなかった。自己創造的な神霊は、高天原と呼ばれるところの宇宙の主観的本源から客観世界に発現するということを、神道の原始的直観が悟ったからこそ、神道の精神的価値は不朽性を有する。日本の君主はその君位を継ぐとともにすめらみことととなる。皇位についても物質的な租孫関係においては何らの変化も起こらないけれども、天皇は日本人にとっては日本の神霊的統一者たる天照大神の非物質的な子孫となる。すめらみことの地上の先祖は天上の統一的神霊という神道思想に結びつくのであるが、その意味は、万物包容の神霊的一体性というものは太初以来いまだかつて破壊されたことがないということである。

これは決して迷信でもなければ神秘説でもない。この思想は日本に対して高いプラグマチズム的価値を有する。日本人はすめらみことによる精神的統一を本当の事実と感ずる。しかしその感動は国家的統一の上にも国民の精神的満足の上にも永久の利益を与える。日本人は、すめらみことにより個性を全体的統一の中に没することを潜在意識的に理解し、意識的解剖を必要としない。すめらみことに関するこの種の神道思想によるこのような結果が、いかにして日本に招来されるかということは、非物質的な電子がいかにして物質的なものになるかを科学が説明し得る以上には、自覚的に説明されない。しかし、たしかにこのような結果は招来される。日本人にとっては、すめらみことは日本全土を通じて、その国民的な、かつ精神的な力を統一する中心点である。物質的な手工品はそれを組成する各部分の物質的統一によってできている。しかし潜在意識的な生きた関係においては、客観的ではなく、主観的な統一力が働く。日本においては皇位の継承者がすめらみことになると、その天皇の地上的な肉体や個人的かつ私的な人格に関係なく、全体として統一する神としての天皇に対して、日本国民は潜在意識的に感応する。天皇は統一と結合との動力の中心人格となり、日本国民を神道的精神的に結合する。しかもこの種の結合は、単なる物質的な統一よりもはるかに有力である。すめらみことの統一力は、神道精神におけるこの種の要素が、それを保持する国民の間に永続する限り存続するだろう。ただし、すめらみことの先祖は天上の神であったということで、長い間日本国民は感奮してきたものであるけれども、現代人の論理的自覚はいかにこれを説明すべきかに惑っている。

　日本人は二十世紀において、祖先崇拝としての伊勢行幸を論ずるにあたり、彼らの立場を是認するために非常に困難を感ずる。中国の哲学およびヨーロッパの科学に感染した彼らが、みかどを真に太陽の子孫たり得ると解し難く思うのは自然である。そこで、天祖は高天原という地上のある場所に住んでいた人間の女帝であったというユーヘメス説を採用し、その時代には米作も機織術もあったと論ずる者もある。（注七）

中国の哲学は中国の心霊観の堕落を救い得なかった。また今日では廃棄された学説である、アストンの意味する欧州の旧式科学も西洋の心霊観を説明し得なかった。そうであるならば、神道が祖先崇敬ということによって表す神霊的実在の永続という意味が、どうしてこれらの理論によって説明されよう。すめらみことが伊勢の天照大神を崇敬するのは、神霊的一体としての日本が神霊的一体としての天つ神霊の不可分離的な継続であることを明らかにするゆえんである。この行事について『非常に困難を感ずる』日本人は、昔の潜在意識的かつ直観的な神道知識を失って、無能な現代意識から完全なる代用物を発見できない現代かぶれした人々である。彼らは西洋における新しい科学および哲学の傾向を知らないで、精神的、物質的無知の藪へ通ずる旧学説の道を（この点は西洋ではだんだん分かってきつつある）たどりつつある人々である。

全体として統一する神たるすめらみことは、天照大神を崇敬するのみならず、神霊の個人化された主観的人格化のすべてをも同様に崇敬する。なぜなら、すめらみことは自己の内に有する神霊的統一力のみならず、日本における神霊の個性的表現全部を代表するからである。後者が結合して一体になるのはすめらみことの力によるのである。

この思想は神道の伝統において極めて古いものである。千二百年前古語拾遺は次のように記している。（訳者注：加藤玄智「古語拾遺」による）

祖を尊び宗を敬うと云うことは礼教の先とする所である。故に畏くも我が御歴代の天皇は、その御位を皇祖皇宗より承けさせられて、御登極遊ばされる時は、遍く祖宗の神霊および天《てん》神地祇《じんちぎ》を御祭り遊ばされるのである。（注八）

すなわち、各人は天上の神霊界における個別的な本源にさかのぼって、その先祖を個人的行為として崇敬する。自ら天上における統一神の神霊的子孫たるすめらみことは、全神霊の統一者たる資格をもって一切の神霊を崇敬する。こうして個性と統一とが保持され、公衆道徳が保たれる。神道におけるこの種の意義は、それが何らかの実際的方法で実現されるためには、まず潜在意識的に感得されなければならない。非常に潜在意識的な日本人は、自覚的な試験を経ない内面的知識によってこの種の思想を墨守することを得た。

しかし、時々、外国思想がすめらみことに関するこうした神道原理の中へ入り込み、全体として統一する神という純然たる日本的な基礎を変更しようと努めた。多数の人々は神霊的独裁主義を要求する。そして人生における物質的破綻の中にあって、彼らに精神的安全を与える全能なる天上神を表現し得る象徴を求める。崇神天皇は神道の中にこの種の意義を含ませることを拒絶した。しかるに外国人たちは、彼ら自身の見解を神道の神観中に読み込んだのであるが、日本人の中にその感化を受けて、それに従った者がいる。

神道神話には、全能神という考えはすめらみことと結びついていない。最初のすめらみことたる神武天皇は成功した軍事的指導者でもあり統一者でもあった。神道神話が造られたとき、もし天皇が地上における全能神だと考えられたならば、天から送られた太刀《たち》によって助けられなければならなかったとか、自分の軍勢をどこへ導くべきかが分からなくて、伏兵の中へ導き込もうとして天の烏に案内されたとかいうような物語が神話の中にあるはずはないだろう。原始人はこんなふうには全能神を考えない。神道神話の中には普通の意味、すなわち全能神という意味での神と解釈し得る言葉遣いはどこにもない。また神話は、人々のために何らの礼拝形式をも教えていない。天照大神は人々から拝まれているわけではない。天上の会議のことを述べる場合に、神話はいつでも、天照大神は全能神として情勢を支配するのではなく、別に計画の進行をはかる相談役が付き添っているといっている。原始日本人の直観的潜在意識的知識は、神道を駆って、全能神という意識的教理から創造的神霊の遍満というはるかに優越した潜在意識的思想へ導いたのだが、それを神道神話では明示している。現代人は超越神が永久の満足を与えないことを経験したので、創造的神霊の遍満という右の思想を受け入れようとしている。

神道は宗教的礼拝の対象として天上の全能神という考えを立てないで、その天つ神を神的先祖だと見る。したがって、すめらみことに対して示される崇敬を宗教的礼拝の行為だと解釈するのは神道ではない。神道におけるすめらみこと思想は、原始の日本人が実在に対して持った潜在意識的知識にその起源を有するもので、純然たる日本流の思想である。すめらみことから、全体として統一する神という意味を奪い、礼拝者から遠く離れて存在する地上の宗教的全能神の思想をそれに代えようとすることは神道では許さない。仮にもこの種の唯物的意義を用いて本源的な精神的な思想を変更するということであれば、神道はその原始的意義を失うだろう。人類が意識的に展開した天上および地上の全能神という思想には無限の種類がある。しかしながら、原始時代から現代まで存続したすめらみこと思想（自己創造の神性が天上の本源からみこととして発現し、すめらみことによって統一されるという神道の直観）というものはただ一つしかない。すめらみことの有するこの独特な性質は日本精神の一部である。それを外国の全能神の思想に調和するように変形することは、物質的な事物を西洋の雛形に似せて日本で造るのと同じように、神道を外国の信仰にすることになるだろう。

　国と天との帰一を国民に対して人格化してくれているすめらみことによって、神霊的起源を有する国民は地上生活における相互間の統一を得るという純然たる神道的意義において、すめらみことという称号を用いるならば、それはいかなる地上の統治者にとっても最も精神的な結合力を持つ称号である。この神道思想の生命は、神霊というものを、個別的に自己創造をしながらも常に統一されていると見るところにある。いかなる宗教的意義においても、天上あるいは地上における全能神という考えは、何らかの形で人と神とを引き離すものである。しかし、すめらみことは全体として統一することを意味する。

> 『至高存在に対する信仰は不可避である』というマックス・ミュラーの意見は神道の事実によって支持されぬ。（注九）

しかし、このことは、至高存在なるものを西洋神学で説く超越神として考えた場合にのみ真理である。神霊というものは普遍的、自己創造的、かつ自己発展的であって、機械的に支配されたり造られたりするものでないという直観を禁圧するような西洋神学説は、すべて神道の生命を奪わんとするものであろう。神道は個人よりも大なる、統一された神霊という意味においての至高存在観を持つ。神道の直観は天照大神として人格化されているこの種の至高存在観を、宗教的信条の制限を超越した創造的統一者としての意味において言い表そうとした。天照大神に関する太古の思想には不変なる絶対者というような思想は毛頭ない。天上の統治者としての大神の地位は、未来を予知する知識も、人類を支配するということをも意味しない。天照大神は神々の全体的統一を表現し、不可分離的な統一の姿において自己創造的に発展するのである。したがって神道における至高存在には全能の意味もなければ神学的な趣旨もない。それは統一的創造精神の表現にほかならない。

神道神話によれば、天照大神は天の石窟に隠れたとき、大神をおびき出すために滑稽な舞踏会を催した天つ神たちがなぜ笑ったかを知らなかった。神話によれば天照大神は全知をも予知をも持たない。大神は好奇心から石窟を出て何事が起こったかを見ようとした。すなわち神道においては、至高存在は機械的な原理でなく、経験によって習得するところの、すなわち自己発展をなすところの人格である。天照大神の石窟は神道が全能力なるものを葬った墓場である。大神が石窟から出ると、再び大神が入らないように入口に七五三縄《しめなわ》が張られた。その模造品が日本中の神社に用いられている。七五三縄は、永久に全能力なる者を神道から追い出し、全能なる機械以上である個々人は、すべて自己発展の精神的自由を有するという根本的な神道思想を保護している。

道徳、特性、一般的慈善、その他あらゆる方面の進歩というものは、万人の共同福祉を促進せんがため、創造的な個人主義がその協力を増進することによってもたらされる。もしさまざまな、かつ分裂的な個人主義の帰一がなければ、人類は依然として原始的段階の状態にとどまるだろう。協力より遠ざかる個人主義は、悪と禍いとに陥る。全体として統一するすめらみことは道徳と進歩との源泉を人格化したものだと言ってよい。なぜなら、道徳と進歩とは人間関係における統一的方面の発展に依存し、かつそれとともに生長するからである。神道はすめらみこと中心であるというのは、実は潜在意識上のことを意味するのである。なお日本人は同じ意味において、すめらみことを『一人の完全なる存在』だとも言い得るが、その直観的な意味はこうである。すなわち、日本人がすめらみことによって精神的にも物質的にも統一されているという事実は、人々をして、離れ離れの個人の姿では見ることのできない完成の理想を、統一された全体において直覚させる。さらに次のような神道原理の強調も意味されている。すなわち、物質性というものは心霊性の一面であり、物質と神霊とは不可分離的に結合されているという神道原理である。

神道においては、個性というものも、同時に実在である。なぜなら客観的宇宙に進出する神霊の物質的表現としての統一的全体は、個々人によって形成されるからである。神道に従えば、日本人は個人的にみなみことであり、すめらみことによってその統一を実現するのである。だが、神すなわち創造的神霊は天上の本源から個々人の人格を通じて発現するものだという神道の神観を理解しない人がいる。神性ということをすめらみことにのみ限り、それぞれの境遇において、神霊の発展を助けるというみこととしての責任を避ける人がいるかもしれない。この思想は神道ではなく、外国の神観が日本に普及した結果である。神道は統一する全体としてのすめらみことを個性以上のものと崇めるが、さらに各個人がむすびすなわち自己創造力を体現する地上の神たるみこととしての精神的自信を保持することも要求する。

なお、ある人々は神道の完成という思想を、僭越にも自分たちの全能を意味すると解釈するかもしれない。彼らは自分たちの個人的な意見を非常に賢明な意見だと主張し、かつすめらみことは、彼らの最善と信ずるいかなる方法によってでもその完成を翼賛することを欲するという口実のもとに、いろいろ勝手な行為をしながら、その行為を超批判的だというかもしれない。しかし神道においては、完成の人格化は、全体として統一するすめらみことにおいてのみ可能であり、すめらみことを取り巻く人々においても、またすめらみことから離れている人々においても可能でない。神道におけるすめらみことの理想は何人にも全能知を与えず、また他人に対する独裁的支配権も許さない。そうでなかったとすれば、おのおの自己の意見を隣人に強制しようとする個人主義的無政府状態となり、統一というものがなくなってしまうだろう。神道は自発的斎戒であり、他人に斎戒を強制するものではない。

すめらみことは日本人を精神的かつ国民的に統一する。しかしながら経済的、社会的、政治的方面においては、国民は人生の実際的事務に携わりつつ相互間の協力統一を自らの力によって造り上げようと努力する。すなわち、個人的努力によって創造的動力を活かしていくのである。神道にはこれらの活動を指図する全能神は天にも地にもない。

プラトンは、神を信ずることなくして国民は強くなることを得ぬと信じた。人格ならざる、単なる宇宙勢力、第一原因、もしくは生命力は悩める心に慰安を、戦える魂に勇気を与え得なかった。しかしながら活ける神はこのことを為し能う。しかし自己中心の個人主義者を刺戟し、あるいは恐怖せしめてその貪欲を緩和させ、その情欲を統御させる。（注十）

プラトンよりもはるかに古いこの信仰は、自覚意識が慰安を求める叫びの所産であり、また人と神との区別に関する意識的思想の所産である。神道というものは自己意識面のもと、実在に関する潜在意識的知識の中に存在する。そこでは創造性というものがその力をふるう。神道には宇宙を支配する宇宙力というようなものはない。人格化して人類となった神霊そのものが進歩を促すのである。神道はすめらみことによって献身と犠牲とを鼓吹する。なぜなら、献身と犠牲とは統一の理想に対する個人的貢献だからである。しかしこの思想の中には何ら人格的全能神の思想が含まれてはいない。神道の思想はもっと深遠である。プラトン風の神なくしても国民は強くなり、希望を持ち、献身的になり、かつ自己犠牲的になり得ることを明らかにして、プラトンの説を破壊している。国民は自己の内に個人化された神を発見し、すめらみことにおいて地上における統一神を発見するからである。

他の国では『国王は悪を為すことを得ず』という文句のとおり、君主は法律以上だという法律的原則がある。ここにもまた統治者の完全という潜在意識的理想がある。国民の統一的全体の人格化としての君主は個人的犯罪を超越し、（個人の資格においては罪を犯し得るけれども）本来個人的放埓を制御するために作られた法律を超越するからである。しかしながら神道においては、日本人はみことであり、君主はすめらみことであるからして、この思想はより強い意義を持つのである。すめらみことが悪をなし得ないのは、その完全性がその神霊的統一力に基づくからである。そして国民は自己の心の中に主観的に神霊的統一力を感知するのである。神霊の個人的中心である人と人との闘争において、個性と統一とが十分な調節を保ち得ないときに罪悪が行われるのである。しかし、人生における物質的闘争には関係なく、すめらみことは精神的かつ国民的総合において人民を統一する。

神道は、いまだかつて西洋流の『国王神権』説を意味したことはない。この説は全能神の信仰の基礎の上に成立している。天の神は人類の支配者であり、かつ全能なる意志活動により人と宇宙とを造った者だと信じられているのだから、天上における全能神の地的代表者である国王は自分の意志どおりの行動をすることに対して、どこからも抗議を受けない権利を有するというのがその意味である。しかしながら、根本的には、国王神権説は、人類と神霊との間に連絡があるという原始的潜在意識的直観に起因するものである。なぜならこの説の根本的意味は、国民の首長は天上神の国民的表現だというところにあるからである。

ここまでは神道思想であるけれども、君主の個人的野心が出てくると、潜在意識的真理は消失する。しかるに神道においては、原始的真理は西洋とは違った方向、すなわち潜在意識的直観とより多く一致する方向を採った。すなわち神道では全人民を個別的に神霊だと見、すめらみことを国民統一の精神的中心だと見、統治者と人民とにより不可分離的な精神的家族を組織するのである。西洋においては『国王神権』説は政治的独裁主義を意味し、フランスのブルボン王朝の『朕は国家なり』という信条において最高潮に達した。その意味は国民は君主の私有財産だというのである。かくして人民の神性を奪い、統治者の神的全能力を至高のものにしようとした努力に対する人民の応答は革命と恐怖時代とであった。

日本においてすめらみことは、みな同様に天孫たる家族から成る神霊的家庭の家長だという意味において、国民の首長である。すめらみことの意志は無条件の服従を要求する。しかしながら人民とすめらみこととは一体であるから、人民に対する独裁的な政治的統御を意味する西洋流の『神権』説というものは神道の中にはあり得ない。すめらみことの神権は、すべての者が一体である家庭の首長としての父権というものと根本的には相違していない。したがって、日本においては、国家発展史上の創業時代が終わった後には、すめらみことは政治上の実権を自己の掌中に握ったことはほとんどない。その例は天智天皇《すめらみこと》によって示された。天皇は七世紀の大化の大革新に際し、中大兄皇子《なかのおおえのおうじ》として改新の主要創始者の一人となったのである。六六一年に皇位を継承したのち七年を経るまではすめらみことにならなかった。

千年間も増長するままに放任してあった弊風を根絶するという仕事を引受けた彼は、それが失敗した場合を考えて皇位につくことを恐れた。そして六六八年、改革が確実に浸透したことを判断した彼は正式に皇位に登った。（注十一）

帝王の神権を主張したり、神の無謬を示そうという何らの努力もここにはない。改革者としての個人的事業が統一の階段に到達したと思われる前に、すめらみことの地位を占めたとすれば、天皇は政界における一党人になってしまったろう。党人主義は、全体として統一する神というすめらみこと思想を打ち壊すものである。もし人民が自己の政治的活動を停止して、すめらみことの党人的統御を政治の常道として甘受しなければならないことになれば、神道の創造的動力は失われ、その結果、極端な独裁主義が現れるだろう。なぜなら、個人的神霊たる人民というものは、進歩を助長する上に重要な役割を演じ、かつ経験と実験とによって、奮闘と競争との中から結局正しい道に到達するものだからである。

すめらみことは、これらの闘争中でも確実に人民の統一を保持する。国民の統一的中心たる天皇は政党人でもなければ政治的宣伝家でもない。昔は将軍政治によってすめらみことを政治的葛藤の圏外に置いたが、今日は立憲政治が同様なことをなしている。すめらみことは変わりゆく政治的情勢を超越した国民結合の力である。個人的資格から言えば、すめらみこともいかなる他の個人と同じく、個人的見地を採る。この点は多くの日本の君主が仏教を奉じたことによって立証されている。しかし、これらの君主も、その公の地位においては、すめらみこととして常に神道の直観的潜在意識的な道に従いながら、国民を神霊的全体として統一した。そして人民は人民で創造的活動の進展のために努力した。

このように、すめらみことと日本国民とは、この意味で協力して国家の進歩を図る。明治天皇はよくこの事実を理解したために、国民が中世主義から近代主義へと進出した未曾有に困難な時代を通じて日本の統一を保ち得た。明治天皇は一八八九年憲法発布の際の詔勅において、日本の基礎を据えかつ日本を進展せしめる上に演じた国民の役割を重視した。

我カ祖我カ宗ハ我カ臣民祖先ノ協翼ニ倚リ我カ帝国ヲ肇造シ以テ無窮ニ垂レタリ此レ我カ神聖ナル祖宗ノ威徳ト並ニ臣民ノ忠実勇武ニシテ国ヲ愛シ公ニ殉ヒ以テ此ノ光輝アル国史ノ成跡ヲ貽シタルナリ朕我カ臣民ハ即チ祖宗ノ忠良ナル臣民ノ子孫ナルヲ回想シ其ノ朕カ意ヲ奉体シ朕カ事ヲ奨順シ相与ニ和衷協同シ益々我カ帝国ノ光栄ヲ中外ニ宣揚シ祖宗ノ遺業ヲ永久ニ鞏固ナラシムルノ希望ヲ同クシ此ノ負担ヲ分ツニ堪フルコトヲ疑ハサルナリ（傍点は著者の付したもの）

この詔勅には神道精神の響きがある。日本の発展は、すめらみことの独占にかかるいかなる神力にもよるものでなく、君主と国民とが『相与に和衷協同』せるものだということをこの詔勅は認めている。将軍制度を転覆して憲法政治を日本に与えることに重大なる役割を演じた神道というものを明治天皇はかく解釈した。すめらみことのみの責任だとも、またすめらみことのみの功績だとも、明治天皇は要求しなかった。明治天皇はその歌の中でいわく、

うちむかふたびに心をみがけとや鏡は神のつくりそめけむ（注十二）

すなわち鏡の起源は天にあり、人をしてその心霊的自我を直観せしめ、よって進歩のための努力を促すために造られたものであるということである。神道における心霊的象徴である鏡は、こうして全人民にとっては自己発展のための霊感の源泉となる。人々は鏡において自己を見る。そ

して自己を見ることによって神すなわち自己の人格をも見る。

二千年前、崇神天皇が神鏡を宮中より奉遷したのも同一根本思想によるものだと思われる。崇神天皇は、神鏡が天皇にのみ地上における神たる権利を与えられることを欲しなかった。天皇は、むしろ神霊の普遍性を明らかにすることを欲し、かつ神の平民化によって人民に自己発展を促すことを欲した。明治天皇の歌を奉読すれば、そこに崇神天皇の感化が幾世紀もの年代を通じて存続し、国民の自己奮闘力および自己発展力を潜在意識的に保持してきたことがうかがわれる。

崇神天皇は地上における全能神という間違った思想をすめらみことから取り去り、自己信頼と創造的活動との必要を強調した。かくして、国民の自己発展と個人的発意と共同的努力とを妨げることなく、国民の心霊的統一を成就するという神道的意義に到達する道が、すめらみことのために開かれた。すめらみことの有するこうした統一力は、明治天皇によって、成功裡に、近代の状況とぶつかり合うことができた。その結果、日本は一代にして中世期から現世紀へ進出しながらも少しも国家組織に動揺をもたらさなかったのである。今や神道の本能力は、過去の古代精神と現代の新精神とをすめらみことによって結びつけている。すめらみことに関するこうした神道原理を奉ずる限り、日本の創造的精神は将来の進展の要求すべきいかなる事態の変化にも適応することができ、しかもそれによって神霊の普遍性に関する太古的根本的基礎は決して崩壊されないであろう。

注

（一）“The Nature of the Physical World”, p. 276 ff.

（二）本書三四頁参照

（三）“Shinto,” Contemporary Japan Magazine, March, 1933, pp. 589, 587.

（四）“Shinto : The Way of the Gods,” pp. 172-3.

（五）W. G. Aston's translation of “Nihongi,” p. 199.

（六）筧克彦教授が著者に語れる語。なお雑誌『神ながら』昭和七年七月号四頁における筧教授の「神道論」参照

（七）W. G. Aston, “Shinto” (in Religions Ancient and Modern series). p. 27.

（八）前掲書四六頁

（九）W. G. Aston, “Shinto : The Way of the Gods,” p. 69.

（十）Will Durant, “The Story of Philosophy” p. 35.

（十一）Brinkley 前掲書一六八頁

（十二）この御製は昭和七年五月二十八日神社祭式用として作られた新曲の試演会において歌われかつ舞われたものである（東京において）

第八章　日本文化に及ぼした神道の感化

日本文化の発展が外国の思想、慣習の導入に負うところがあるのは事実である。しかしながら、これら外来の文物慣習は、不断に日本人の心的能力を駆って、これを創造的進歩と自在無碍《むげ》な自己進展とに導く神道の根強い力によって、多かれ少なかれ修正を加えられている。もし神道が、独自の包括的創造哲学を持つ生命の意識的理解にまで到達していたならば、神道が日本文化一般に及ぼした影響はいっそうはっきりしたものになり、もっと容易に看破することができたであろう。実際、もし神道が単に内面的直観にとどまることなく自己表現的のものとなっていたら、外来の人生観が日本にこれほど大きな影響を与えることはなかったであろう。なぜなら、神道がこうした外来の思想を、今よりいっそう根本的に変化し去ったことであろうから。神道は元来潜在意識的直観的なものとして、意識的分析の方法によらず、日本人の心性の内部からその修正的創造力を作用させねばならなかった。この方法はあまり華やかなものではなかった。またその結果としての修正は、外来思想に対する挑戦的点検によって達せられたものではなく、むしろ持久的反応によって得られたものであった。

日本文化に与えた神道の微妙な感化のすべてを吟味するには、日本史の各時代を詳細に研究しなければならない。しかし神道の改造力の一般傾向を示す証拠なら、日本の文化潮流の表面近くにいくらでも浮かび出ていて、たやすく我々の眼に触れるのである。

神道はかつて偉大な宣教者を出したことがない。政治生活の騒擾をすてて神社の静寂に引き籠ろうとした天皇もなければ、また神道が有益な知識の伝播者となったことも決してなかった。（注一）

それゆえ、正式な宣教運動を探し出してそこに神道の感化を知ることはできない。潜在意識の深所が、神道の感化力の土台だったのである。神道は、実在に関する心の知識の最深所からその力を湧出させ、日本文化が外来教理の非実在性と無生命な形式主義の死の爪に必要以上に捉えられることのないようにしたのである。

天皇が生死の問題についての自覚的瞑想を求めて、神社ではなく仏寺に隠遁したが、こうした瞑想は神道では決して助成しなかったところであった。存在に関する外来の概念は、強い影響で日本の知的発展を刺激した。それは日本人自身が、実在に関する神道の深遠な知識を、自覚意識に理解のゆくように組織化する根強い能力を一度も示したことがなかったからである。したがって、飢えたる日本人の習性は外来思想に走らなければならなかったのである。ただ日本の発展にとって幸いなことには、神道がこれら外来の思想を、少なくとも部分的には変化させてしまったことである。

日本人は、全体的に見て、深い形而上学的思索に適した国民ではない……日本人は中国やインドの深遠な思想を教えられたままに承け入れ、一度もこれを自分で徹底的に考え直してみる労をとらなかった……そして直ちにこれを一般化して、以って実際的効用を有する行為の原則と変じた。その発祥地における理想は、もはやこの島国日本においては理想ではなくなった。それらの理想は、日本においては我らの日常生活に直接な関係を有する現実的真理に変ぜられた。思うに我ら日本人は、眼前に形あって触れ得らるるものを喜び、真昼の陽の光と明らさまに見得るものを愛する国民である。我々の否み難い性向は決意・断行にあって、熟慮・平穏の反対である……純粋の思索などというものは、我々にとっては、我々の漂える思想を最寄の港に落ち付けてくれ、激浪や深海と無益な闘争をするよりも、そこで何か平和な仕事をなし得るようにしてくれる以外には、あまり価値あるものではない。（注二）

日本に輸入されたのは、外来思想の中の精妙な形而上学的細論ではなくて、むしろその現実主義的意味だった。元来神道そのものが現実主義的なものなので、こうした外来思想における思索的神秘的概念の普及を阻止したのである。日本人は中国、インドの思想を既成品として受け入れ、これを分析的方法によってではなく、本能的反応によって修正し、神道が日本人に深く刻みつけた心の鋳型に合うように、潜在意識的努力によって、ある部分はこれを強調し、またある部分は軽視したのである。この鋳型へのはめ込みは決して意識的に行われたものではないから、完全にはいかず、外来思想はしばしば歪まされた。この際の手段は盲目的なものだったが、それは神道が、日本人に精神的にはたいていい目をつぶって手探りで道をたどっていかそうとしたからである。

それにもかかわらず、仏教も儒教もその発祥地におけるよりもいっそう実際的になり、またいっそう日本の創造的進歩に適するものとなったのである。仏教はインドにおいて死滅し、儒教は中国において形式主義に堕してしまった。しかし日本においては神道の創造的感化力によって、この二つの宗教は同じ運命に陥ることから救われたのである。

生命の実在性、個人の自己発展、および神霊の普遍性を神道が潜在意識的に強調することは、日本仏教の進化に深い影響を与えている。神道の考え方によると、物質は物質自体に根ざすものではないという意味において、根本的な物質的実在性がない。しかし物質および物的存在は、神霊の現実的な様相として実在性を有している。物質は心霊であって精神的幻覚ではないのである。客観は神道では神霊そのものであって非実在的なものではない。客観は、神霊の自己創造的発展力によって物質化された神霊である。だが本来のインド仏教では、個人および物質の客観的宇宙は幻覚にすぎない。仏教のこの一面が強調されるとき、厭離《えんり》の念と寂滅無為とが心を支配してしまう。なぜならば、もし人が自分をも、人間生活をも、物質的進歩をも、実在と認めなければ、努力するゆえもなくなるからである。神道の現実主義的な考え方は、仏教が日本に受け入れられた理由の中にも明らかである。

仏教は初め、彼岸への憧憬を満足させるために日本人に採用された。……霊的交通と救済の思想とが、……仏陀の極楽において親族同胞とともに享受し得る永劫の生命の約束として、この国民に訴えたのである。（注三）

神道は決して人生哲学になったことはないから、こうした自覚的憧憬を満足させなかった。しかし仏教が、各個人の現在を準拠として死後において真の幸福を得る方法であると解釈されたのは、現実主義を強調する神道固有の直観の影響によるものであった。これは、救済とは個性のすべての消滅と個人の人格を没して、万物一如の涅槃《ねはん》に帰することとの結果であるとする仏教本来の教理とは、はるか遠ざかったものである。日本仏教では、滅我ということがいくら教え込まれても普及し得なかった。それは神道の創造的精神が、個性は実在なりとの考えを潜在意識に永久に植えつけてしまったからである。

日本人の心性は独自の知的考え方をまだ発達させておらず、清新な刺激を渇望していたから、日本の古代仏教は主知主義を力説しようと試みた。しかし神道の人生観は主知的ではない。それは分析されることなしに、また論理の段階を経ずに、実在に関する意識的直観的知識から発生したものである。それゆえ日本人は、常に主知主義的形式論理に立脚する霊性の解釈に絶えず反抗してきた。

主知的に傾いた奈良朝仏教は、日本人が主知主義的刺激を熱望していたにもかかわらず、神道の実行主義の直観にその発展を阻まれてしまった。仏教の主知主義が奈良朝仏教によってその地歩を固めようと努めていた八世紀の奈良で、神道神話の二権威書、古事記と日本書紀とが編纂された。この二書はいずれも主知的分析や意識的体系を示さず、古代から伝えられた生命に関する直観的知識を含んでいる。主知主義的仏教は、これより百五十年も前に日本に渡来していたのだが、日本人の心性を支えて精神的事物における形式論理の悪感化の犠牲となり切らせなかった神道の勢力を抑えることができなかったのである。

九世紀において比叡山に天台宗を興こした伝教大師（最澄）は、仏陀は客観的宇宙であると同時に主観的宇宙であり、本体界たると同時に現象界であることを主張して、主知主義的奈良朝仏教の排他主義に反対した。主知主義的仏教は物質的宇宙を目して仮象となし、非有の純主観にのみ実在性を認めた。仏陀は客観世界なりとする伝教大師の説は、物質的存在の、霊的事実としての実在性を主観的に強調する神道の影響を示している。

伝教大師は、直観的に神道の直観的現実主義を仏教に結合しようと試みたともいえよう。天台宗の僧徒が比叡山にこもって騒擾を起こし、武装して京都を騒がせたことは、この現実主義を明示するものであって、神道の伝統的活動欲が仏教の寂滅主義を圧倒したのである。天台宗のほかにも、多くの宗派が、個人の実在性と普遍的霊性とを主張する神道原理をいろいろな形で発展させた。比叡山には、潜在意識的神道の影響を受けた天台宗にその源を有する八宗派の始祖の彫像に囲まれて、伝教大師の彫像が立っている。その八宗派中には禅宗、浄土宗、真宗があり、これらは独立に発達した真言宗とともに、日本の近代仏教の最も進歩的な宗教に属するのである。

九世紀において高野山に真言宗を立てた弘法大師（空海）は、仏教と神道とを融合しようとした。こうした運動はすべて、全包括的な、また永久的な融合の基礎を発見し得ずに終わったが、それでもなお神道は少なからぬ影響を及ぼしている。弘法大師は、各個人の肉体はそのまま仏陀であり、修行によって発展するものと主張した。人は神なりとする神道原理が直観的にこの考えに影響しているのである。高野山は、生ける実在についての神道的直観に呼応する神秘主義および神秘的教理の中心地となった。真言宗によれば、弘法大師は死んだのではなく、高野山墓地の奥に眠っている。山僧が彼に侍するときには、辞去に当たり、生ける人に対するようにこれを礼する。インド仏教では、肉の我は迷であり、現世は幻にすぎずとする。高野山の神秘主義は、インドの幻覚説とは反対に、人体は生ける神霊、すなわち仏陀であり、死こそ幻だとする。生ける個人の神的実在性を主張し、死を嫌忌する神道の考え方が、このように真言宗では神秘的に解釈されているのである。

　高野山墓地にある幾多の鳥居は、真言宗に神道が強く影響していることを立証する。鈴木貞太郎（大拙）氏は、『真言宗は形式の価値を認めることを知っている』と言い、また『形式の軽視は通常神秘主義の特徴である』と主張している（注四）。真言宗が形式を重んずることは、高野山の神秘主義が、実行主義を抑圧してしまうことを防ぐ神道の潜在意識的感化を受けたことを示している。なぜならば、形式に対する興味は常に現実主義に対する感応を意味し、この現実主義がなければ、形式は、宇宙を幻覚とみなす考え方にとっては、ひとつの迷いとして取るに足らぬものとなってしまうからである。芸術においても、日本仏教は肉と骨を備えた実体を描き、空漠たる無を描くことをしない。弘法大師はこの運動に大いに貢献したのである。彼はその上に極めて単純ないろはを発明して、神道の現実主義の影響を示している。

日本仏教における救済思想の発展も、神道の潜在意識的神人同一説に大いに影響されている。六世紀の半ばの仏教の日本渡米から十三世紀の親鸞上人にいたるまで、救済思想は六百余年もの間、漸進的に発展している。

法相《ほっそう》派に代表される奈良朝の主知主義的仏教では、弥陀の救いの普遍性を否定し、仏性を有せず、したがって成仏し得ない個人の存在を主張した。奈良朝仏教に次いで起こった天台宗では、救済を万人に及ぼしたが、なおこれを宗教的祭式に依存させた。同時代に真言宗は、悪魔や外国文化までも仏陀の一面とみなし、神秘的祭式を通じて結局涅槃に入れるものとした。インドや中国では、煩悩を解脱して仏果を得るにさしさわりありと思われるある種の職業は、仏教の信徒に禁じられていた。しかし奈良朝時代の仏教が終わってからは、日本ではすべての職業は仏教徒に解放され、かくして各人はみな救われる資格ありとされるにいたった（注五）。

天台、真言の二宗教に次いで浄土宗が十二世紀に立てられたが、その始祖法然上人は、救済の道は南無阿弥陀仏の六字の名号を唱えるだけで、その人の行状いかんにかかわらず、自らにして万人に開かれるものと主張した。阿弥陀仏が衆生済度の本願をかけたことと、衆生が弥陀の名号を絶えず唱えることによって、救済はもたらされると考えられたのである。十三世紀に親鸞上人は真宗を興こし、往生極楽には宗教的題目をくり返す必要はさらになく、それは摂取不捨の阿弥陀仏の本願を信ずるのみで自らにして来るものと唱えて、法然の説をその神学的極点にまで推し進めた。

仏陀によって我々に与えられた救済は、疑念なく無条件に承認され信頼されるべきものであるがゆえに、我々はこれが為に努力も、修業も、新生もする必要はないとする点において、親鸞の宗教は一種の自然主義と称し得る。……我々の運命は全く仏陀の掌中にあり、彼の本願に現されたような衆生済度の計画の中に含まれている。否それどころか、仏陀はすでに永劫の昔に衆生を彼の極楽に迎え入れる計画を完成しているのであるから、我々の救済は予定され、ほとんど完成されたも同様のものである。……「弥陀の名号を唱えること」は、極楽到達を期待して彼に感謝するためよりも、むしろすでに完成された仏陀の本願を想い起こすよすがに過ぎない。(注六)

この全包括的救済の信仰を形造るに当たって、親鸞は、人と神とは同一なりとする神道原理に潜在意識的に影響されていたのである。親鸞は仏教的教養の中に育ったから、仏教的用語を用いた。しかし彼が、万物に偏在する神性を信ずる神道の潜在意識的真理を受け継がなかったならば、彼は、実際彼がしたようには仏陀の本願を力説することはできなかったであろう。悪人は依然悪人ではあるが、それでもやはり救われるのである。

善人はなおもて往生を遂ぐ、いわんや悪人をや(注七)

親鸞のこの言葉はこうである。すなわち善人は一部分自分の善行によって救われるのであるが、悪人は、その人の善行悪行にかかわらずことごとく衆生を済度せんとする阿弥陀仏陀の本願に全く依頼するのである。人の善行悪行はこれ因果応報の理に基づくものであって、決して個人に基づくものではない。その本願にこそ衆生済度のすべての力はかかっているのである。神道の潜在意識的影響と結びついたこの信条の本質的要素は、親鸞も言うように、たとえ『薬あればとて毒をこのむべからず』（注八）ではあるが、しかし神性は悪行によって抹殺されるものではないという点に存する。個人は努力せずとも、弥陀はことごとくこれを救済するという考えは、真宗を他宗よりもいっそう神道の心霊偏在説に接近させているものである。

親鸞はさらにまた、ひとたび救われればそれは未来永劫救われたのだとする考え（注九）において、神道の潜在意識的影響を示している。この考えは親鸞によってはまだ十分明白にされず、多くの人にとってのつまずきの石であった。しかしそれは、宗教的用語をもって表現された神道の現実主義である。この意味で救われるということは、人が一度自己の神性を悟れば、その行状いかんにかかわらず、その霊性の失われることがないことを示す。あるいはまた仏教的にいえば、仏陀の本願は取り消すことができないことを意味する。これは、万物に偏在する霊性を信ずる神道的にしてしかも親鸞的な信仰を表白したものである。摂取不捨ということは、神道的な言い方にすれば、個人は自己の神霊性を失い得ないということである。親鸞の考えもこれと同様である。なぜなら、もし何人か神霊性を失うものがあるとすれば、衆生済度の仏陀の本願は無にされるからである。そこで親鸞が、ひとたび救われればそれは未来永劫の救いであると言ったとき、彼は日本精神に宿る内面的神道の伝統に呼応していたのである。親鸞の弥陀本願の神道的解釈によれば、人は罪人として地上における心霊の進歩的発展を遅らすかもしれないが、その行状いかんを問わず、人は神霊以外のものであり得ないのである。

親鸞がまた僧侶の食物を制限しなかったのは、神道の影響によってである。神道は僧侶と信徒との間に神性の区別をしない。また神社では信徒でも神官と同じく浄めの式をつかさどることができる。神道は人民の間に霊的差別を認めることを嫌い、親鸞もまた僧職を人間的にしようとする努力によって、同じ見方をしようとしたのである。

禅宗もまたこの点で、実在についての神道的直観を示している。禅は個々の自我の神性を力説し、精神の内面的過程としての悟得《ごとく》に信頼する。親鸞は済度は個人の力を超えたものであるとなし、また禅はこの悟りが内心より来ることを認めるが、この両者はいずれも、専横な神意によって救済を左右する超絶的神を認めない点において神道に近似している。禅は、悟りを開くことは煩悩の世界から身を退くことを意味しないとの説において、神道に近づくものである。悟りを開いた禅僧は、霊性を失うことなく彼の望む誰とでも交われる。禅僧のあるものが、多方面へ興味と自然な態度によって社交人としてはなはだつき合いやすいわけは、この原理によってである。神道の神官と同様に、禅僧はどんなにくつろいでも堕落を恐れる必要がないのである。

神道のおかげで日本は、原罪とか地獄というような教会的教理の犠牲になることから免れた。仏教は堕落者を罰するために多くの地獄を説くが、神道は、その地獄が恐怖的効果を日本に普及することを防止した。日本における仏教の地獄は、僧侶よりもむしろ芸術家に職業的材料を提供した。仏教においては、統一的全体からの分離が、原罪思想に代わって、悪の原因と考えられた。

しかし神道が生命の望ましい心霊的事実としての個人の実在性を主張したことによって、この思想の悪影響は大いに減殺されたのである。原罪からの救いという考えは、個人の霊性を信ずる神道にはとうてい理解できないところである。救いは、日本においては、普遍的意味を持っている。しかしこの救いの普遍性が個人の実在性と相結んだために、日本の大乗仏教は、神道的直観力の影響を多く受けている日本文化に強く訴えることができたのである。神道があったために、日本は観音信仰の沃土たり得たのである。

吾《われ》は個人的救済を求めず受けず、またひとり浄土に入ることを成さず、いずれのとき、いずれのところにおいても吾は大千世界にありとし、あらゆる生物の済度のために生きかつ努めん。（注十）

この考えは仏教では古いもので、日本に始まったものではない。しかし日本においては、これを現実主義的一教理として、その全面的価値を受け入れたのに対し、他国ではこの教えは、一般的影響よりもむしろ哲学的影響がより多くあるのである。

日本において観音信仰の原理が当然の理法と考えられるのは、神道が直観的に神霊の普遍性を感知していたためである。だが、原罪は直接的な人間的な努力によって克服さるべきものであるとする神学的教理が存在するところでは、観音思想は受け入れられない。宇宙に一つでも失われた魂が存在するということは、神道の感化を受けた日本人の感情にはとうてい受けつけ得ないところである。魂の破滅または低迷という考えをいかにして克服すべきかという問題は、日本仏教徒の大いに関心を持った問題であるが、その問題が彼らの興味をひいたわけは、哲学的思索や分析的論理にあるのではなく、直接的悟得にあったのである。それは神道が日本人の心を常にこの方面にと向けていたからである。

法然と親鸞とは阿弥陀仏の本願によって一切の衆生は仏国に往生するものとし、また禅は、解脱は内面的悟得からくるものとして、ともに一つの霊魂の破壊を好まない神道的直観に追随した。日本仏教においては、済度よりもむしろ悟りによる解脱が霊的満足に到達する道であるとするが、これもまた神道精神にかなったものである。しかし悟りは、必ずしも知的過程たるを要しない。人心は常態においては必ずや霊性を展開しうるものだということが分かれば、悟りが開ける。しかし霊性の展開を内面的感情によって理解するためには、必ずしも知的表現を与える必要はない。

東京近郊にある禅宗の巨刹、鶴見總持寺の開祖瑩山《けいざん》は『平常心是道』という文句についての講義を開いて、二十二歳の若年で禅の悟りを開いたと言われる（注十一）。この文句の生じた中国においては、この観念は知的興味を起こさせたのだが、日本においてはこの本文は知的意味ではなく直接的意味を有する。日本人の心性は、神道の影響によって、直観的にこうした観念に呼応するように準備ができていたのである。

神道の道（すなわち人生の理想）は、精神が進歩を妨げる日々の障害を克服しつつ、（遠い将来の可能性を漠然と夢見ることによってではなく）努力と能力との日々の蓄積によって前進することを求めつつ、その日その日の生活において向上しようとする道なのである。それはまた自己創造的活動の道でもある。岡倉覚三氏が『日本人は中国やインドの深遠な思想を、教えられたままに受け入れ、もう一度これを自分自身で徹底的に考え直してみる労をとらなかった。……それら外来の思想は、日本人の考え方を通して、我らが日常生活と直接な関係を有する現実的な意味を有するに至った』と言ったこととの絶好の例が、ここにあるのである。神道は常に日本精神にこのような影響を与えてきた。

禅はまた、人生の最深の真理は口伝するを得ず、内面的交通によって心より心に伝えられねばならないとする教えにおいて、神道の影響を示している。この考えは極端に走って、ある国民には精神的堕落を誘起するかもしれない。しかしこれは太古の人生観の神道的説明法である。神道が日本にその勢力を及ぼしたのは、論理的分析や哲学的思索によってではなく、内心最奥の感得と直観的理解とによってであった。これが、禅が他の東洋諸国よりも日本においていっそう発達した理由である。

禅の人生に対する実際的態度もまた、神道と歩調を合わせている。神道の創造的精神は常に活動と物質的発展へと前進する。そしてまた禅の精神力の修練は、有効な活動を刺激しようとする目的を持っている。この要素が禅に失われれば、禅は堕落するのである。禅の活動性が最高潮に達したのは足利時代である。この時代に禅僧は中国との貿易を開拓し、これを足利幕府に報じ、また商業上の顧問として活動しつつ同時に禅寺に利益をあげた。京都の天龍寺は足利尊氏の時代には、地方の収入だけでは建立できなかったが、しかし禅僧などはこの建立の事業を捨てなかった。当時の禅僧は禅の修養をただ内心的満足のためにしたのではなく、彼らは実際的活動家だったのである。

疎石禅師は中国貿易の為に一船を派し、その利益を以って禅寺建立の費用に充てんとの計画を立てた。……その後天龍寺は年々中国に貿易船を派し、その建立費は外国貿易の利益から得られた。（注十二）

天龍寺は今なお存在し、禅家に対して、創造的生命の直観は功利的努力へと誘導するという神道原理を思い起こさせるよすがとなっているのである。すなわち功利的努力は地上における神霊にとって損失ではなく利益なのである。足利時代において日本の禅宗は、禅僧自身の物質的事業によって創造的進歩の力を獲得したのであるが、この力は、現代の禅宗の神道との部分的近似性を理解すれば復活し得るものである。

日本における仏教と神道との融合の持続的努力は、決してその一つが他を吸収し去るという点にまではいたらなかった。しかし仏教は、絶えず生得的かつ神道的な感化を受けた。すなわち創造的活動と自己信頼とを学んだ。この融合の努力は、また自覚的霊性のある種の表現に神道の考え方の一部分を採用させたが、その結果、神道自身も利益を受けているのである。なぜならこれによって神道は、仏教の畑に育った日本思想界の指導者らの精神的発展にいっそうその感化を及ぼしたからである。もし神道が自己の内面的価値を持つと自覚していたならば、この傾向はいっそうの発展をみたことであろうが、惜しいことにそこまでは発展ができなかった。

インド仏教に対する神道の反対の力点は、仏勢の因果応報の観念、すなわち過去が現在を支配し、前世における悪行は現世において償われねばならないとする観念に集中していた。この因果律の宿命的理論に毒された日本人はすこぶる多い。しかし一般に神道の創造的感化は、日本人の心性を、ひと言で表現しにくいが、力強い概念、すなわち過去の業報は新しい因果を創造していく人間の努力により、または仏陀の直接的干渉により、現在において克服されるという考え方の方へ転向させた。かつ日本においてはこの因果の概念は、仁愛正義の行為を奨励することによって実践道徳にもなった。日本史上におけるあらゆる危機に際し、または大きな障害に遭遇するときに際し、神道の創造的精神が常に先頭に立つことを、この因果の概念は阻み得なかった。しかし平穏無事な折にはこの因果の概念は勢力を得たのであった。

人の世を幻であり迷いであるとする仏教思想の悪影響を排除することは、神道にはそんなに困難ではなかった。この思想が最も勢いを得たインドにおいては、自我を宇宙的全体（これのみが唯一の実在と考えられた）にまで拡大することによって、仮象の世界から解脱しようとした。自己を犠牲にすることではなしに、自己を無限にまで拡大することが切望された。日本では中心点が自我主義より自己犠牲にと移っており、この点は特に武士道において力説されている。武士は、人生を夢幻なりとする哲学を、一つの主義のための自己犠牲を是認する根拠とした。主義そのものが実在と考えられたのである。死をも顧みぬ忠誠が大いに奨励され、武士はその主君に対する献身的忠節のために永久的名声をかち得るにいたったのである。個々の生命は幻にすぎないとする同じ思想が、インドにおいてはあらゆる現世の煩悩を克服しようとして寂滅無為の生活にと赴いたのに反し、日本では、もし生命が幻にすぎないとすれば、人生の価値ある目的のために捨てるべきものだという考えから、激しい活動的な生活となって現れた。この相違は人を駆って実際的な活動へと赴かせる古神道の影響によるものである。

日本人の心を常に活動に向かって集中させた神道は、また日本の儒教をも修正して、これを形式的道徳法典より個人の日常生活の規範にと化した。中国の儒教は、詭弁的になり、知的討論の主題と化してしまったので、その貴重な道徳的原理も多くは口先だけのものに堕落してしまった。こうして孔子の忠君の教えも、中国では日本におけるような力を持っていないのである。中国人は詭弁することによってその忠誠を表現しながら、一方では君主の統制を逃れて個人主義の極端に走った。この個人主義の悪結果に中国は今もなお悩んでいるのである。日本では孔子の忠義の教えは活動的に解釈され、幾多の自己犠牲的美徳を発揮しているのである。日本人は神道の感化によって、儒教の静的解釈に長く甘んじてはいられなかったのである。

徳川幕府が、諸制度の現状を維持するために、静的な朱子学派を強めようとした懸命の努力も、全くの失敗に終わった。朱子学派は、将来のすべての可能性が明らかになるまで行動してはならないと教えることによって、新しい活動形式を制限するものと解釈された。あらゆる結果があらかじめ調べられた後でなければ新活動は行われてはならないと考えれば、当然進歩は無期延期されねばならない。中国が生んだ最も独創的な儒家の一人である王陽明は、十六世紀にこの朱子学派を攻撃した。彼は知行一致を唱え、知は行に伴うものであるから、新しい活動は結果の予知されるまで延期さるべきものでないと主張した。この教えは彼の心中に創造的精神が潜んでいることを示している。王陽明の教えは一時は中国に勢いを得たが、中国人は常に新活動に必要な新しい努力の発展を回避する方法ばかり考えていた。さもなければ今日、中国は現在のような状態にはないであろう。中国人は、知行一致ならば、行によって知は自らに現れるゆえ、研究によって知を獲る必要はないはずだと称して、孔孟の学説に対する王陽明の解釈を誤りとした。こうして中国人は王陽明を排斥したのである。

十七世紀になって王陽明の教えは、一介の微禄の士中江藤樹によって日本に伝えられた。神道の創造的活動の影響下にあった日本人は、王陽明学説を詭弁化することなく、その根本的真価においてこれを解釈した。陽明学は、研究を軽視せよとは言っていない。それは行いなき研究は致命的であることを力説しているのである。活動の奨励がその主張の中心であり、活動の根本は個人の努力にあるがゆえに、陽明学は朱子学派が抑圧しようとした個人の自由と自己発展との欲求を再び刺激したのである。陽明学によれば、内心は生命の知識を有し、活動の新条件に自己を合致させることができる。正しく理解された陽明学の根本的影響は活動に対する自己信頼を促進する。そしてこの自信は自己の行為の結果に対する責任観念を生むのである。日本人に陽明学の根本観念をこのように理解させたのは、神道における創造的活動と個人的責任の潜在意識的直観によってであった。実際、中江藤樹は、神道精神と陽明学とのこの内面的結合を観取していたようである。

　彼は神道と儒教との結合を主張するまでに至った。彼は「神道大義」において、この二者を結合せんとの興味深い試みをなしている。（注十三）

　神道は、こうして、いかに多くの外来の人生観に影響を与えても、それ自身はそのいずれにも自己を局限せず、常に独立的なものとしてとどまった。同時に日本における陽明学の進歩は神道研究熱の再生と合流し、この二思想の勢力には徳川幕府も抗しきれなかった。陽明学は神道精神の大きな影響を受けて、日本の儒教を個人的責任感および忠君の念に基づく新しい活動の刺激たらしめ、それによって王政復古と立憲政体樹立に重要な役割を演じたのである。

　日本の美学にも、神道が潜在意識的にその感化を及ぼした多くの痕跡がある。神道の創造的活動の考え方では、美と実用とが結合されるとき、価値は増加するものと考えられるから、日本ではいつも実用と美とが結合されている。あらみたまとにぎみたまとが互いに分離せずに同一人格の中に存在するという考えが、初めから神道の中に流れていた。この考えが日本人を芸術至上主義の悪結果から救った。芸術と実用とは他国におけるよりもいっそう自然的に日本においては結合されている。

　十六世紀の茶道の大家利休は、造園に当たっては実用六美四の割合が保たれねばならないと言った（注十四）。娯楽としてまた美術品鑑賞の一法として、幾世紀にもわたって日本に流行した茶道は、芸術的趣味の養成にあったばかりではなく、精神を修養し、活動のための集中力の発達をその目的としたのである。優雅を極めた庭園の一隅に他と隔絶して設けられた茶室は、芸術的鑑賞に適するように人生の騒々しさから一時的に退隠することを意味する。それと同時にここでの会話が人に立ち聞きされないということは、（このことは紙の障子の日本家屋では望みがたいところである）茶室を絶好の秘密会議所にする。昔はたしかに茶室はこの種の実用にも供されたのであって、神道精神は常に美的環境の中に実用が一幕入ることを欲するのである。

刀鍛冶として最高の熟練を示した日本の刀剣製造家は、すでに何世紀も前に、その技術と実用とを最高度に結合させた。しかしそれが尊重されるためには、日本の刀剣は非常に良質のものであるとともに、美の要素をも備えていなければならなかった。さらに神道に感化された日本人は、刀剣に一種の霊的性質を付与した。――これは外国人にはちょっと理解できないことである。それは刀剣を用いるには、責任感をもって有用なときにのみこれを用い、利己的活動にこれを用いてはならないことを意味する。日本の刀剣は、神道の創造的三特徴、すなわち霊性、審美、実用を一身に兼備するものといい得る。いかなる外来思想もこの神道概念を変更することはできなかった。

日本の詩歌も、その表現法に神道の影響を示している。日本の詩歌は、人生哲学を構成したり人生の謎を暗示し、解決しようなどとはしない。十七字の俳句や三十一字の短歌が古くから日本人の愛好した詩形で、その作詩法が極めて簡単なために、作者は、分析的思索をこれに盛り得なかった。

他国の文化に神道精神が見つけられないように、こうした詩形も他国には存在しない。自覚的推理ではなしに潜在意識的直観が、神道の基礎であると同時に日本詩歌の基礎でもある。神道がその根本的意味の解釈を個人に一任するように、俳句や短歌も十分説き尽くされない精妙な思想を示し、その解釈は読む人の心に任せるのである。しかし日本詩歌の読者の解釈というのも、その人の自覚的思索的理解を指すのではない。詩想は読者の心の中で味わわれる。読者は自分の直観でこれを補うのである。日本詩歌の求めるものは、感情、態度、活動であって分析ではないということ、まさしく神道の求めるものとその趣を一つにするものである。

神道が極めて簡潔で論理的体系を欠いていたということは、人生の広大な見方を排して霊性を形式的信条の中に押し込めようとする神学者輩の手中に陥ることから神道を救った。同様に簡潔な日本の詩形は、日本人に美学に没頭させることはなかった。神道の実用主義は、日本の作詩法の流れを深める代わりにこれを広め、同時に日本詩歌は日本人を物質に無関心にさせることなしに普及された。神道が日本独特のものであるように、日本詩歌も日本独特のものである。名句名歌は、専門家にまかせるにしても、詩形が簡単なために、素人にも相当の詩歌を作ることはできる。こうして実務家もその物質的活動を閑却することなしに、若干の時間を作詩に費やすことができるのである。俳句や短歌の簡潔な詩形は、実用と美、すなわち日本精神におけるあらみたまとにぎみたまとの調和を容易にしたものといえる。あまりに技巧的な表現法は、決して日本人に愛好されなかった。神道によって始められた思想の圧縮ということが、日本詩歌においてその極点にまで押し進められた。日本の詩は神道の神話の中にも見出される。神話が日本詩歌を鼓吹し、またその伝統的短縮形を始めたのである。

日本文学にも、神道の活力礼讃は大きな影響を与えている。死はしばしばその中に描かれているが、これが日本人の想像を捉えたのも、死によって飾られるほど強烈な活動がその中にあるとされたからである。その主題は常に死に対する無関心であって、死そのものではない。死の脅威にもたじろがない行動とか、決死的活躍とかが日本人の心に魅力を持っていたのである。

日本における最も人気のある劇的逸話は、忠臣蔵の物語で、十八世紀に四十七人の浪士が、大敵をものともせず仇敵の江戸邸に討ち入りの計画を練り、見事主君の復讐をした事件である。彼らは将軍のお膝元で討ち入りなどすれば、切腹の刑罰は必然だということを知りつつこれをあえて行い、討ち入り成功後もあえてこの刑罰を避けようとはしなかった。彼らの切腹は、あらゆる艱難をものともしない決然たる行為の強さをよく示しているが、これも神道精神に負えるものであった。すなわちこれは、難事業を最期まで遂行させる神道の創造力の感化なのである。

日本の最高文学は紫式部の源氏物語であるが、これは、仏教が死や病床における魔法的仏式に対する大きな興味を喚起していた十世紀から十一世紀の間に書かれたものである。紫式部の文学的天才は、西洋のいかなる小説家も凌駕し得ぬものであるが、しかし死を描くとき、彼女の芸術は彼女を見捨てたかの観がある。源氏物語の英訳者アーサー・ウェイリー氏は次のように指摘している。

紫式部は臨終の情景を非常に好んだが、それを描く時の彼女の筆はいつも描く、不思議なまでに哀傷の思いを伝え得ていない。彼女の筆力は急に彼女から去ってしまう。一般に彼女は通常の環境に対して作中人物の示すさまざまな反応には興味を持っているのであるが、死に直面すると源氏物語の中の人物は皆同じような態度をとるのだ。（注十五）

紫式部が死の場面を好むのは、彼女の作品の中にしばしば示されている当時の仏教思想の影響に帰することができよう。仏教と死とは源氏物語全巻を通じて相伴っている。しかし紫式部の創造力はやはり日本的であって、生きた人物を描くときには伝統的な神道の創造的直観が彼女の心を支配した。彼女は神道の意識的理解を示してはいない。しかし天才の作品というものは、ことごとく、その源泉においては意識的であるよりもむしろ潜在意識的なものであり、紫式部が描写しようとしたのは、生きた人物の発展的活力であったのである。神道が、善かれ悪しかれすべての行為を生命の拡充力を現すものと考えたと同様に、紫式部もそう考えたのである。神道は、あらみたまが、生命に創造的興味を持ちつつも、時にあまりにも粗野に流れることがある事実を隠そうとはしない。紫式部は源氏物語の中で、道徳をあまり重んじない人物を描くことについて自己弁護しているが、そのときの彼女の気持ちは必ずやこれと同じものであったろう。創造力が経験と実験とを通じて進歩するためには、人生の諸相が各人によって探検されねばならない。神道原理は、紫式部の小説における現実主義擁護の中にも潜んでいる。

名小説の作家は特別に不誠実な人で、その想像は常にもっともらしい嘘に刺激されている人にすぎないと通常考えられている。しかしこれは全く不公平な見方である。……こんなことを言われるのは、小説家自身の経験のみならず、単に自分は見たり聞いたりしたに過ぎない事件に対してまでも、もはやこれを胸底に秘めておけなくなるほど熱情を感じてくるからである。……真善美のみを描くのが小説家の任務ではない。もちろん時には徳行が彼の題材となり、そのとき彼は思うようにこれを取り扱うであろう。しかし小説家が自分の周囲の世界に起こる悪徳や痴行の日常事件に同じように感動することは十分あり得ることであり、このとき彼はすぐれた善行に対すると全く同じ感銘を覚える。これらの事件も大切に保存されるべきものなのである。さればいかなる事件でも小説の題材たり得ぬものはない。ただそれはこの現世に起こることで、我々の感知しないどこかのお伽の国に生ずるものでないことを要するのみである。（注十六）

現代的創造精神と神道的創造精神とが、この大小説家の正確な分析的芸術観において一致しているのである。源氏物語の現代的調子、すなわち創造力としての生命に対する直観に多くの批評家が驚かされるのは、紫式部の中に神道的直観が遺伝しているからである。紫式部の興味をひいたのは創造的自己発展の「現世」であって、「我々の感知しないどこかのお伽の国」ではないのである。死ということが紫式部の外部的興味を呼んだにせよ、当時の降神術、非現実的仏教的魔法による死の神秘の瞑想は、彼女の天才的描写を呼び起こし得なかった。源氏物語の偉大さは、技巧的筋書の波乱に煩わされない一つの動いている現実としての生命、個人の危機や死そのものによっても止められず、自然的に前進してゆく人生の展開を描写した点にある。紫式部は死を現実的に描き出すことのつたなさを自ら悟っているようである。なぜなら彼女は源氏自身の死を描いていないからである。源氏はウェイリーの英訳の第四巻と第五巻との中間で姿を消していて、第五巻の冒頭には「源氏はすでに死し、これに代わるべき者なかりき」としてある。紫式部は男の死よりも女の死を好んで描写し、彼女の天才を刺激したのは、死そのものの経過よりもむしろ死をもって終わる女性の活動であった。女性の活動に関するこの興味は、一般日本人が男性の活動に対して持つ興味と本質的には同じものであって、その活動が激烈を極めて、悲劇的終結を遂げるとき最高の劇的形式に到達したものとされる。日本人を魅するものは、死の悲劇ではなくて、一定の事実とか人を発奮させる忠節とか、または社会奉仕の念を喚起することなどの活動的目的なのである。日本精神に与えた神道直観の感化はこのようなものである。

紫式部と同時代の女性である清少納言もまた、枕草子において、生命の躍動を刺激する神道の直観的影響を示している。彼女は人生のより高い方面に興味をひかれた。明朗な行為、当意即妙の答え、男まさりの女性心理、男子社会に伍して堂々と引けをとらぬ才女――こうした場面が彼女の興味をひいた。中世日本において文学的人生描写の最高峰に立つ紫式部、清少納言のような才女を輩出することは、それ自体神道の影響を明示するものである。なぜなら神道は、創造的神霊としての男女間に区別を設けず、女性の美点に対する男性の認識不足が女性を背後におしやろうとも、女性は自己尊重と女性的自己発展との潜在意識的観念を保持すべきことを力説しているからである。仏教は、女人は男子に生まれかわるまでは救われないと教える。しかしこの教えが広められた日本以外の東洋諸国におけるよりも日本においては、このような不道徳な教えに対する神道の抵抗によって、その悪結果は避けられたのである。そうでなければ紫式部や清少納言のような女性は日本文化の中に出現はしなかったであろう。

生命を自己発展的自己創造的前進とする神道の考えは、このように常に、外来または国内に発せる静的虚無思想の悪影響から日本文化を救ってきたのである。十九世紀の半ばにおいて日本が世界に門戸を開くや、たちまちにして西欧の科学的文化を把握してしまったことは、日本精神の中に幾千年もの間、直観的に潜んでいたこの神道の偉力の現代における著例である。神道における自己創造の広量な原理と新奇を求める神道精神とは、日本を、外来思想渡来以来今日にいたるまで、さまざまな人生観の自然的実験室にしたのである。神道は、非創造的機械論的傾向を持つものを除いては各国の人生観はすべて歓迎した。非創造的機械論的傾向に対しては、神道は常に反抗してきた。しかしこの反抗は潜在意識的に行われ、神道はかつて自分自身の教えを自覚的に体系化したことはない。それゆえ日本文化は、潜在意識的には極めて発達したものではあるが、なお自覚的形成の発展段階にあるのである。神道はなおその文化的創造力を意識的形式において表現せねばならない。これが神道と日本とが連合して当たるべき将来の主要問題である。

注

（一）Brinkley 前掲書三二九頁

（二）岡倉覚三著 "The Japanese Spirit," pp. 46-9.

（三）姉崎正治前掲書七、六七頁

（四）"Buddhism and Japanese Culrture," Eastern Buddhist Magazine, June, 1933, pp. 119-20.

（五）友松円諦教授が著者に語りたるところ

（六）姉崎正治前掲書一八三—四頁

（七）嘆異抄 translated by Tosui Imadate, p. 5.

（八）前記英文嘆異抄二五頁

（九）前記英文嘆異抄においては次のように英訳されている。"once saved, never forsaken"

（十）"The Pledge of Kwan-yin," Aryan Path Magazine (Bombay), January, 1933, p. 21.

（十一）總持寺発行英文パンフレット『總持寺』第四頁参照。井上哲次郎教授の説によれば、この文句は中国の馬祖（七八八年没）のそれだということになっているけれども、おそらく中国の趙州（八九七年没）の語ではなかろうかということである

（十二）竹越与三郎著 "Economic Aspects of the History of the Civilization of Japan," Vol. p. 212.

（十三）See Galen M. Fisher's article, "The Life and Teaching of Nakae Toju", Transactions of the Asiatio Society of Japan, Vol. XXXVI (1908).

(十四) Matsunosuke Tatsui, "A Record of Famous Japanese Gardens" reviewed by Eisaku Waseda, Japan Times (Tokyo), Oct. 30, 1927.
(十五) "The Bridge of Dreams," Vol. VI of Waley's translation of the Genji series, p. 14.
(十六) "A Wreath of Cloud," Vol. III of Waley's translation of the Genji series, pp. 254-7.

第九章　神　社

石を積み重ねて神の殿堂ができ、建築の贅沢と装飾によって神威が増すものと一般には考えられている。いったい人は神が偏在であり、いかなる権力によっても壁の中に閉じ込めておくことができないことを忘れている。しかし神道はこれを忘れてはいない。神道は、有史以前、日本民族の祖先は何らの殿堂にもよらずに神霊を認め得る最初の力を人類に与えたものである。したがって以後、神道において行われたことはすべてこの太古の発端に依拠しているものである。自然は原始人に神霊の普遍性を目の当たりに見るように理解させる起因となった。原始人はこの理解をいかに表現すべきかについて潜在意識の深所においてもがいたが、神道は、いまだかつて自然の霊性に関するこの種の原本的知識を失ったことはない。

自然と人間との霊的感応の方が、人間もまた心霊的な全存在の中に含まれていることの洞察よりも早かった。潜在意識が地上における神霊と個性を認め得たのは神霊の普遍性（全宇宙は神霊であるということ）の概念を得た後のことであり、かつその概念に依存している。自然を心霊的に見る見方が衰えると、いつも人間は神霊と生命とを切り離し、人間は超絶的な神とは別な世界に住むと考える。しかもその種の神を慰撫して初めて人間は神霊となり、さらにそれは死後においてのみ可能だと考える。

しかし神道は、自然の霊性を常に理解しているから人間と神との間をこのように分離させない。人間でなく、自然が神社を拡大して普遍的神霊の聖堂たらしめている。永久的な生命をもって神社を囲む樹木は蒼天に高く枝を延ばし、人類と天来の神霊との分離を否定する全体的神性の神霊的雰囲気を醸し出す。神社においては決して神性を抑圧するということはない。神霊はただ神社に、人間に、あるいはまた天にばかり限られたものではない。神社は、人間が万物の霊性に対する理解を新たにするための集中的中心である。全自然界は霊性を有するがゆえに、霊性の雰囲気は神社から外部へあふれ出る。人間が神社に対して社殿を奉納した以前に、自然はすでに自然の社殿の奉納をなしていた。人間の追加したものは二義的なものにすぎない。神道における根本的、精神的、潜在意識的知識は、人をして、人と宇宙とが神霊的一体であることを悟らせるために何らの人間的技工を必要としなかった。自然そのものがこの種の理解へと導いた。原始神道の直観力はその意味を理解していた。社殿というものはその後にできたものだが、それは人が普遍的な神霊の世界における自己の地位に対する権利を強調するためである。しかし人間が人格化された神性を強調しようと考えた以前に、自然の神社は神道においては完全に人間に精神的霊感を与えていたのだ。

日本の原始時代における創造的活動の一中心地であった南紀の那智の滝は美しい樹々の間から非常な高さを落下する。岩を打つ飛沫はいつしか消えていくが、樹々はさながら番人のように屹立している。滝水は迅速で滑らかな無意識的な正確さで下方へ向かって落ちていく。落ちていく滝の白糸は、あたかも天上から下界に出現する神霊を覆う白衣のようでもある。原始神道は那智の滝そのものを自然の設計になる神社と考え、それを飛瀧《ひろう》神社と称した。聖殿はそこにはないが、自然がその場所に神聖さを与えている。すなわち自然界における普遍的神霊が飛滝を聖化して原始人に神霊的活気を与えたのである。今日なお飛瀧神社は神道の一部であって、白衣の神官が奉仕している。なぜなら依然として滝は神であるからである。

なぜそう考えてはいけないのだろうか。現代人は、原始人に敬虔の念を起こさせた那智の滝の力が過去の迷信として片づけられてしまわなければならないほど、神霊の普遍性を理解する力を失ったのだろうか。現代人は、この飛滝をただ単に美しい景色として眺めるだけというほどに、かつては生命の内に心霊的価値を見た祖先に対して敬意を払わなくなっているのだろうか。もしそうであれば、現代人は神霊的に没落者であり、宇宙の神的人格を捨てて下等な唯物観に傾くものである。那智の滝の前に頭を垂れる者こそ、すなわち地上における活動場面を求める創造的神霊的な源泉のように釈放され、しかも規律あるエネルギーの永久的な横溢に接して精神的に霊興を感ずる者こそ、普遍的神性に忠実な者である。

神道によれば、宇宙というものは自己発展的かつ創造的な進歩を目的として、天上の神霊が物質的形態をとって現れたものである。神道によれば、天上の神霊は人類が地球に現れる以前に、すでに自然の力を通じて、客観的活動の前進運動を開始したのであった。創造的活動の精神のこうした本源的な力を見ると、そこには、新しく外面化された空間の領域における自己の進展のために、物質的宇宙の形態を採って進化しようという天上の神霊の意図が現れている。静寂の頂からはるか下方にある新しい水準に向かって流れる那智の滝は、能動的努力のためにその精力を傾倒しているのである。

神道の見解に従えば、那智の滝の示す間断ない力、急速な力は、その本源においてもまた形態においても心霊的なものである。したがってそれは、人間を動かして無活動の静止状態から活動の急流へ進出させ、かつ普遍的生命の創造的目的に対する義務として自己努力による進歩をなしとげさせる。この飛瀧神社の神官は次のように言ってよい。そなわち、この滝は天上神の地上活動における初期の努力である。しかしこの滝に現れている神力の本源は人間の本源と同じく天上の本源であると。しかるに飛滝それ自身は思惟せず、また語らない。人間は自己創造的神霊のより進歩した発展であり、神道の神のより広大なる完成である。しかも人間は精神的に発達すればするほど、自己の到達した高所のために、普遍的に存在する神霊からかけ離れるようなことがあってはならない。幸いにして人間は、その普遍的な神霊の地上における最高峰であるが、普遍的神霊の基礎なしには最高峰というものは存在しないであろう。

もし神霊が瀑布《ばくふ》として展開する物質的自己能力を獲得せず、また安住の境地より未創造、未知の世界へ進出することを躊躇するならば、生命の創造力は決して人間の出現にまで進展しなかったであろう。しかるに創造的精神は、それ自身を物質的に具体化するという大きな冒険をあえてし、無経験のために初期にはいろいろな大変災にあったにもかかわらず、一貫してその針路を固執したがゆえに、ついに、客観的形体を採る普遍的神霊の継承者たる人間を出現させるに至ったのである。もし創造的神性は普遍的であり、宇宙は二元的なものでなく、一切の存在は内面的精神的な調和を保つものであるとすれば、また幾多の異なった環境において生命の直観的知識にふれて、宇宙が一体であることを見出した預言者、詩人たちによって真理が解明されたとすれば、原始神道が那智の滝の霊感に対して敬意を表したのは当然のことである。飛滝を単に自然の美的技工とみなすことは自己の精神的理解を制限することになる。

神霊それ自身こそ飛滝である。幻想力さえあれば、人は自らの神霊を悟ることができるように、飛滝そのものに神霊を見ることができる。しかし知的にこのことを理解するためには、全宇宙は神であり、宇宙の一切の様相は客観的自己発展を求める神霊の自己進化の結果であるという神道思想が、文字どおりに真理であることを知らねばならない。地上の霊性を人間の魂に限ることは、精神的蒙昧の暗路に行くことである。そこでは自覚的精神における唯物主義のために飛滝の神性は打ち消されてしまう。もし神霊の普遍性ということを承認する以上は、神道思想に従って、人間とともに自然をも神霊の領域に取り入れなければならない。すなわち両者ともその起源を天にあるとしなければならない。もし宇宙が一元的ならば、飛滝は神的本源を持つことになる。したがって人間がそれに対して精神的敬意を表し、それによって自らの心が宇宙的に拡大するのを感ずるのは当然のことである。

大和の国奈良の近くに、大神《おおみわ》神社がある。そびえる三輪山がその神社の祭神である。というのは、遠い昔、神道は山を神社としたのが、今日もそのまま残っているのである。那智の滝は天上の神霊が地上に下ることの象徴であると見られる。これに対して三輪山は、地上の神霊が生命の源たる天に向かって登り行くことを示しているといってよかろう。両者とも普遍的神性における天と地との離れられない融合を現しているのである。

ヨーロッパのゴシック式大寺院はオスワルド・シュペングラーによれば（注二）、無限ということの中世における概念から出てきたものである。しかしそれら寺院は、むしろ無限を捕虜にしようとした僧侶たちの努力をより多く示している。原始神道は、無制限な自由の中に無限を悟った。そして生ける三輪山に精神的敬意を払うことによってその考えを表した。霊性というものが無限の彼方まで到達しているということの理解を示すため、尖塔のある殿堂を建てようとして、建築家、美術家を招聘する必要はない。そのような努力は、しばしば神霊思想の発展を示すより、かえって功利的技工的な練達の拡大を示すにとどまる。さらに、教権の拡大を求める僧侶階級の民心統制欲を示すにすぎない。

常緑の山は閉じられた殿堂よりもいっそう効果的に、無窮の宇宙に広がっている神霊の普遍性を示している。そして山は、形式的信条よりもっと忠実に神霊の普遍性に対する直観的理解を人々に与える。すべて人間によって建てられた殿堂は生ける神霊によって造られたものではない。僧侶と信者の立ち去ったあとでは、壁は無言であり、石や漆喰は死物である。

神道は、山を原始的な伽藍として生ける自然の精神を捕えた。そしてその自然の殿堂を死せる物質の堆積とはせず、それ自身、天より客観世界へ進出した創造的神霊性だと考えた。三輪山の傾斜には永《と》え《こ》に《し》生命がみなぎっている。麓から頂へと生命の実在は無限を指して絶えず向上している。山なる神社は春秋を通じて生き生きとした常磐松に覆われている。その樹々およびその祖先は、人間が現れる以前からそこに立っている。

大神《おおみわ》神社においては神霊を一定のところに幽閉することを許さない。その社殿は伸びゆく生命のそれである。生ける神霊はその四肢をひろげて無限の神性をたたえている。神道はこうして、三輪山神社において、次のような潜在意識知識を原始人に印象づけた。すなわち宇宙は生ける伸びゆく実在の神霊的事実であり、かつ、神性は人間が彼自身の魂の中に保つことのできる以上のものであると言う潜在意識的知識。

神霊の普遍性に関する認識がまだ潜在意識的であった時代においては、山の神性は自発的な直覚として感知され、自覚的な説明を要しなかった。だが自覚意識が出てきて、原始的理解を混乱させたので、現代人は生ける山腹に赴いて霊感を得ようとせず、霊性というものは単に人間に限られているように振る舞う。こうして山は、自覚意識が生命と神性とを引き離したことの犠牲となった。

現代人は宇宙を二元的に理解する無理な信条にとらわれている。山は無生物として見られ、したがって人は山を彼自身の精神的人格に関連させせることをいさぎよしとしない。なぜなら彼は神霊と物質とは永遠に相入れざる実体であると教えられたからである。しかしこうした信条も、永遠に人を自然の霊性から引き離しておきはしない。もし西洋の科学がいうように、物質は根本的実在性を有せず、また宇宙は心の様相であるとすれば、将来必ず拡大された心霊的視野への復帰が行われるに違いない。そのときになれば現代人は自覚的に、創造的神霊の普遍性に関する深い精神的直観を理解するようになるだろう。この直観こそは原始神道を、人間の生ける霊性を刺激するために、生ける山に赴かせたものである。

出雲の飯石《いいし》神社には何らの本殿もない。その代わりに杭を打ちめぐらした垣根が大きな石を囲んでいる。この石が飯石神社であり、人はこの前に敬虔の心をもって頭を垂れる。その歴史は原始的過去においてすでに失われてしまった。ある人は、この石は神の御座なりと言い、ある人は原始時代に、その石は神聖なものと考えられたと言っている。いかなる理由によるかはともかくとして、過去の多くの直観的神霊的真理が唯物的論理のために忘却の世界に押しやられたにもかかわらず、飯石神社の石だけはその難を免れた。人類が初めて全宇宙を神だと知ったとき以来の永い霊感の伝統を持っている石は、教会堂の建設に用いられる大理石を掘り出す石山と同様に崇敬されるべきものである。出雲の人々は、太古から不朽に存続するその原始的な石に、神霊の全宇宙包含性を思い出させられながら、その石を崇敬する。西洋においては「千代経し岩」（注二）の讃美歌を作り、その讃美歌を歌って霊感を求める。

飯石の石は神道の「千代経し岩」であり、普遍的神霊に関する神霊的直観を確保しており、かつ石が人間と同じく神的起源を持っていることを象徴的ではなく、真実に理解させている。なぜならば、神道に従えば、天上の神霊は単に人生にのみならず、すべての物質に具体化するからである。人は自分の食う糧に感謝し、生命の支持は神の助けによるものとして収穫の祭りを行う。したがって、物質的活動の礎石を提供することによって人間の神霊に協力する不朽の石の神霊に対して人々が敬意を表するのは当然であろう。神道によれば、神霊そのものが自ら地上の物質的材料になったのである。しかし人間の創造的精神は、この材料との結合協力によって空間的存続を遂げるのである。天上の神霊は、このように自己のさまざまな方面の協力によって、自己を客観化し、かつ物質的自己発展にいそしみ得るのである。

科学は、自然界には内面的な協調の力があり、したがって全宇宙は一体であると考えられるようになったと説き出している。原始神道は、宇宙を神の客観的自己創造として見ることによって科学と同じことを暗示している。

近来生物学者などは共存活動《シンビオシス》という現象を力説している。その現象は有機体の進化において、個別的にも集合的にも、極めて重大な役割を演じているばかりでなく、生命の持続と安寧とに不可欠と思われる有機体の相互依存、すなち生物学的交互作用を意味する。イー・レイ・ランケスター卿の言うところによれば、有機的と有機体との間には精巧な奉仕的活動組織があるということである。……例えば蜂による植物の繁殖とか、他の植物の利益のためのラジウムによる土地の窒素化などは、たくさんある事例中よりさらに二、三の事例をただ勝手に抜き出したのに過ぎない。しかしそれらたくさんの事例によって次のことが明らかにされる。すなわち、個々の有機体としては抑制と奉仕とをしなければならないということに近似するいわゆる共存活動なるものは、生物の進化における根本的原動力である。（注三）土としての創造的共存活動《シンビオシス》は創造的神霊の普遍性に関する神道思想の理解の手引きを与える。土としての創造的神霊を現す飯石神社の石は、神道的共存活動において、人を助ける役割を果たすことによって人々から崇敬されるのである。できることならば、石が人間に返礼することも同じくふさわしいことだろう。なぜならば、人間は、土地が人間に生命力を与えるのに対して、こちらからも土地を生かすことができるからである。たいていの人間は、あまりにも個別化し、自覚的となっているために、土への債務を忘却し、石を自分たちの神聖な魂とは無関係な単なる一片の物質と考えている。そして石を尊敬するようなことは原始的無知を表すもので、我々の伸びゆく自我はこういう無知から抜け出して事物の外面的知識に到達していると考える。

しかし神道は、なお内面的知識を保持している。そして神道は、普遍的神霊の他の部分が、人間と呼ばれる部分に対して、宇宙における前進の機会を与えた協力に対して絶えず感謝している。したがって神道は、単一な太古の石によって霊感を受けることができるから、生命なき物質を精神的に生命あるものと考えるために神殿を作る必要はなかった。飯石の石は人間の築いた最初の石造殿堂であった。

神道は、飯石の石の上に立って神霊の普遍性を宣言し得る。飯石の石は天来の神霊が固定的な物質に現れたのである。これに対して人間は、天来の神霊が伸縮自在な知力に現れたのである。ともに無空間の神霊的起源を持っており、ともに空間的宇宙における神霊の創造的発展の促進に協力する。直覚的神道思想の深い意味を了解しないことは、二元論に後戻りして、人心を物質的無知の深淵に突き落とし、人を現に住んでいる神霊の世界から隔離させることである。飯石の石の上に立って、神道は宣言する。人間は宇宙における追放人ではなく、普遍的神霊と同一体の者であると。

那智の滝においても、三輪山においても、また飯石の石においても、神道は滝、山、あるいは石に対する神学的礼拝をすすめはしない。神道の趣旨からいえば、それらのものの中に、それらのものとは別な霊とかが内在しているのでは全くない。滝、山、石そのものが無空間の世界から出現して、物質的宇宙にまで自己発展を遂げたところの神、すなわち自己創造の神霊である。そして人間もその起源を同じくする。実在に対するこの原始的知識は、神霊の普遍性を理解する神道の真の偉大さを標示するものである。それは純粋な一元論である。

神道は滝の中に、山の中に、または石の中に神霊の存在を創造する二元論を排する。神、すなわち自己創造的な神霊はそのまま自然であり、また人間を含む一切の生命である。宇宙の無空間的神霊的本源と、その神霊的本源のいかなる客観的様相との間にも分離はない。非物質的電子とそれの物質的表現との間に何ら区別のないのと同様である。非物質的電子と物質的要素とは同一である。したがって空間なき神霊と、那智の滝・三輪山・飯石の石・人間自身は同一である。それらは無空間的自己創造的神霊の外面化であり、個体的存在としては互いに相分離しているけれども、神霊的本源においては不可分離である。

神道において、人が自然の前に頭を垂れるのは宗教的儀式を行っているのではない。それは自己自身であり、かつ自己以上であるところの天上の神霊を崇敬しているのである。なぜならば、全宇宙が神力だからである。もし滝、山、石に感覚があるとすれば、それらもまた、人間と自分らとの差異において、自分ら以上に創造的神霊の発展しているのを認めて、人間の前に頭を垂れるであろう。

このように原始神道は、神霊の普遍性に関する事実を潜在意識的に理解したが、その真理を自覚的には展開しなかった。だが現代神道は、現代科学のますます大きくなっていく新傾向の助けによって自覚的にその意味を学ぶことができる。なぜなら、現代科学はもはや那智の滝も、三輪山も、飯石の石も彼ら自身の根本的な実在性を持っていると考えないからである。彼らの実在性なるものは、自己創造の心、霊、あるいは神道流にいえば、神の様相として科学的に認められるようになった。現代科学が、今発見しつつある精神的軌道に沿って、さらに進歩をすればするほど、現代人は、自然界における物質的表現と、人類との間の神霊的協調を認めて考察することを原始精神に教えた実在に関する永久的直観の意味を、ますますよく理解するようになるだろう。

この理解が自覚的に発展していけば、現代神道は日本における自然神社に対して示される崇敬心に内在する神霊の普遍性ということを、ますますよく理解するようになるだろう。自然神社は、神霊の普遍的実在性を感得した原始的本能に対する神道の感応の発端を示すものである。人類の歴史において大なる創造運動は常に最初は簡単な形態をとっているが、後になるとだんだん複雑になる。各時代は根本的な源泉よりも各時代の付加物、あるいは複雑な継承物を尊ぶ傾向がある。しかし、神道はそのような進路をとらなかった。

神道においては、自覚的宇宙神霊に関する根本的直観が現れてからはほとんど何らの進歩も起こらなかった。一般に木造神社が自然神社に付加されたけれども、それらは自然神社に取って代わるものではない。社殿は常に自然によって与えられる環境と調和している。社殿は自然の素朴さを保存し、人工的装飾を求めない。設計および構造においても原始的である。その点はさながら神道が、普遍的神霊に関する原始的直観は常に単純のまま、また直接のままで、神学的な紛糾や誤解を避けねばならないことを知っているかのようである。

神霊統一の最も尊い中心である伊勢の皇大神宮は、徳高い婦人の単純な新鮮さと、優しい微妙さと、輝く純潔さを持っている。二十年ごとに社殿は新築される。あたかも創造的精神の間断ない更生と永遠の若さに対する女性的希望――創造的生命への永続的迫力（死を排する）を表すかのように。神域内に五十鈴川は生けるがごとくに流れている。禁制の川には魚類が満ちている。もし一尾でも死ねば、それは汚れだとして直に取り除かれる。なぜなら神道にとっては、死は生命の汚辱であるからである。婦人から生命は生まれ出でる。しかして人類は、婦人によって、個人的に発展しつつも、一方で家族関係における一致協力を保ち得る。高天原の支配者たる天照大神は婦人である。そしてその大神を伊勢の皇大神宮に祭っているのは、取りも直さず、日本国民は神霊的な一家族であり、その結合力の本源は、天にありては天照大神、地にありてはすめらみこに人格化された、天上での統一的神霊にあることを意味するのである。

神道が天上の女性を選んで、統一的神霊の本源を表そうとしたのは正当である。妻としての婦人は、今の代に生まれた家族の協力的生活を発展させる中心である。しかしこの役割は女性を十分には満足させない。妻は必ずしも自分自身の家庭のみに忠実ではない。妻はまた両親の家庭、すなわち過去において生まれた家族の家にも忠実である。妻はさらに未来の家庭を造るところの子供の家にも自己の位置を求める。以上三つの家庭に忠節を尽くさずには婦人は決して満足しない。娘、妻また母として女性は家族関係における過去、現在、未来を自己の人格の中に統一してその一貫性を示すのである。したがって、伊勢皇大神宮における天照大神が国民的家庭としての日本国民の結合を表現しているのは、神道が生命そのものの道に従っていることを示すものである。伊勢の皇大神宮は、天上にその神霊的起源を有する、過去・現在・未来にわたる日本民族の生命を、永続的な全体として祭っている。

国家の結合を強くし、その分裂を防ぐような国家的成功が伊勢の神霊に奉告されるのは、ちょうど子供らによる家庭的結合の成功がその母に報告されるようなものである。なぜならば天照大神は日本の神霊的母性の人格化であるからである。日露戦役の後、日本国民が東郷大将の勝利によって海上の危機から救われたとき、凱旋提督は幕僚将卒を従えて、国民の家族的結合を祭る伊勢皇大神宮へ参拝した。日本の官吏は重要なる国家的利害問題の保護を任命せられると伊勢に参拝する。もし彼らが神社の意義を正しく理解しているならば、彼らは、利己心を克服して、一朝事あらば国家に自己をも犠牲に捧げる神霊的な力を受ける。

人間を支配する全能者に関する人生観は伊勢では少しも展開されていない。伊勢の人生観は進歩的発展を求めて天上から空間的宇宙に進出する神霊の自己創造性に基づいている。伊勢においては神道の根本概念が実現されている。すなわち『神人不二』である（注四）。

皇大神宮は、神霊の家族たる集団的資格での国民の神社であると同時に皇室の神社である。なぜならば、すめらみことは天照大神の神霊的子孫であり、日本国民に対して、その国民的大家族の家長を地上に表現するものであるから。みことたる日本国民とすめらみことたる君主とは神道の不可分離的な家族関係において融合している。そしてその融合の直覚的神霊的意義が皇大神宮において新たな力を得る。神道が皇大神宮において表示しているところの、この種の神霊的融合の意味が分かれば『日本は伊勢のあらん限り存続すべし』ということも分かる（注五）。

二千年前、崇神天皇が皇居より奉遷した神鏡は伊勢大神宮に祭られている。この神鏡は明治天皇を動かして、心を磨く霊感として見るよう国民を諭す歌を作らせた。伊勢の神鏡は人民を支配する魔法の鏡ではない。天つ神の創造的精神を反映するその光は、未来への機械的に造られた道を指示するのではなく、むしろ、人間自身が創造的神霊であり、自らその進路を開拓しなければならないことを教示しているのである。神道の解釈によれば、人が神の祖先を持っているのは、その神鏡を敬虔なる無為の態度で静観するためではない。人間は個人的自己発展のために創造的努力に従事し、かつ人間相互の協力を進めるために客観世界に進出した天来の神霊である。

伊勢皇大神宮に次いで重要な出雲大社は、神道における以上のような原理を示している。出雲大社には大国主命が祭られている。大社の男性的外観とその豪壮雄渾な特徴は、天照大神を祭る伊勢大神宮の微妙さや女性的優美さとは全く相異なる。大社で最も目立つものは入り口にかかっている巨大な七五三縄である。七五三縄は神道の神霊観から全能思想を締め出し、人間の発意と創造的活動とを表示するものである。大社の七五三縄は他の神社のものよりずっと大きい。それは極端に男性的な努力を示すとともに、その強く結ばれた様子は協力の力を示している。巨大な縄は神道神話の偉大なる創造力の人間的表現である大国主命の成功を表している。神話によると命《みこと》は西日本に最初の文明を建設し、後に自分の統合した出雲の国を、九州、大和を含む集中的権力のもとに合同することに同意した。出雲大社は、出雲の国を有史以前に日本の一部となし、かつ日本の国家統一を神話時代から現代にいたるまで存続させたことで頂点に達した大国主命の個人主義的活動を記念するものである。

皇大神宮は日本民族の神霊的統一（天祖であるという神道的意義における）を表している。大社は、西部における大国主命の領土と、中部日本および南部日本との統一による日本民族の政治的地理的統合を表している。すなわち個々の部分が、人間的努力によって永久に協力することを示している。天の神の第一人者、天照大神は伊勢に祭られ、地上に生まれた最初の偉大なる指導者大国主命は大社に祭られている。ともに神道の神であり創造的神霊である。

神道にとっては、神霊は天にあろうが、地にあろうが、常に神霊である。なぜなら人と神とは同一であるから。しかし天照大神も大国主命もともに宗派的な神ではない。おのおの創造的神霊の異なった様相を表している。天照大神は個々の天神地祇《てんじんちぎ》の統一を表現し、大国主命は個人の努力と国つ神の協力を表現する。神道においてはこれらの神々を礼拝するのでなく、ただ生きている神霊がこれらの神々を崇敬し、それによって種々なる様相を備えている霊性に対する潜在意識的神道的直観が心の表面近く台頭するのである。

伊勢大神宮は第一位を占めるものである。なぜなら、神霊の全体的統一は一義的であり、かつ永久に存続するが、客観的個人的形態における各部分は変転するものであることを神道は理解しているからである。神的統一は経験および実験を通じて、物質的宇宙の発展を図り、かつ神霊の客観的発展を促進させるために多様な姿をとり、かつ個別化されることを神道は知っている。神話的伝説によると、すべての神々は毎年十一月出雲大社に集まるが、それは今なお厳粛な儀式をもって承認されている。このように神々の群が大国主命に敬意を表すべく集まってくるというのは、次のような神道思想の強調であろう。すなわち天上の神霊的統一は個人主義的発展によって宇宙に進出し、かつ地上での協力を求める（協力はしても個人主義は破壊されない）のである。国土を統一した昔の個人主義的偉人を祭った神社へ集まってくる神々の一週間にわたる象徴的な宿泊のために、大社においては個別的な神の家があらかじめ用意される。大社においては個人的人格が重ぜられる。しかし伊勢においては、統一された神霊的全体がすべての個人を超越している。

しかし、伊勢においてさえ、天照皇大神宮の近くに、創造的活動のあらみたまを祭った神社が建っている。全体の協力を組成する個々人が創造的努力と障害物克服の強い決心とをしなければ、生命の進展は期待されないという事実を神道は決して忘れない。したがって神道においては神社建設事業は決して完成されない。偉大な成功の追求へと人々を指導する偉人を後世になってから認識すれば、そこに新しい神社が建設される。その神社はその人たちの感化を永久に伝え、かつ人間の努力はとりも直さず神の努力であり、その原動力を天に有することを強調する。

あらゆる神社の中で最も新しいのは東京にある明治天皇を祭った明治神宮である。これは日本が十九世紀に中世思想を捨てて近代文化を創造した明治天皇の偉業を記念するものである。伊勢大神宮は公園の奥まったところにあり、大きな樹木に囲まれた道から突如として社殿を見出すときには、この世にありながら同時に天上の神霊界に存在するかのように思われる。大社は小さな町にあり、山で半円形に囲まれており、あたかもかなたに横たわる成功の世界への進出の準備をしているようにも見える。明治神宮は日本の近代的大都市の中心にあり、日本の近代生活の縮図ともいうべき雑踏市区から広い舗装した参道が通じている。明治天皇の神霊はすでに完成した新しい科学発展を見ている。大国主命を祭る出雲大社は太古人の力の集中を示している。張り切って今にも爆発せんとする七五三縄のように、ロダンの彫刻を思わせるような原始的な力を示している。明治神宮からは、人間の努力がその活動に対して十分な統制をとり、自信と勝利と満足と度重なる成功によってやすやすと発展していくという印象が与えられる。

出雲大社と明治神宮とは創造的活動に関する神道的原動力の連続を表している。この原動力は次なる時代を横ぎりつつ、一歩一歩、人間的努力による進歩をもたらしながら、原始時代から現代世界へまで進展している。両神社は過去と現在とを示している。伊勢においては天照大神は将来を見通している。そして将来における創造力の発展は、永久に存続し、かつ今や国民によって自覚的に理解され出したところの、原始的・神霊的な神道直観に依拠している。

注

（一）In his "Decline of the West"

（二）基督を意味する（訳者）

（三）Hugh P. Vowles, "Mordern Science and Purpose," Hibbert Journal (London), July, 1929, p. 650.

（四）伊勢皇大神宮少宮司菟田茂丸氏が著者のために揮毫された文句

（五）Ellery Sedgwick, Editor of the "Atlantic Monthly" が伊勢皇大神宮へ参拝して述べたる言

第十章　神道と近代主義

日本における神道の影響は、あまりにも長く内面的潜在意識的心意の上にのみ局限されていた。知識が現代のように発達した時代は、直観的意味と同時に自覚的理解としての知識を要求する。日本が進歩を促進し、古代文化を保持しようとするならば、神道は単なる潜在意識力のままにとどまっていてはならない。日本人の心性の抑圧的特質は、現代教育の力によって消滅させねばならない。日本の漠然たる理想主義は、現代では無力であり、外国のみならず国内においても誤解されがちである。日本人は、実在についての神道の直観的知識を現代人にも分かるように精神の表面にまで浮き上らせねばならない。さもなければ神道は、他の古代の直観的真理と同じ道をたどるであろう。そして過度の個人主義と盲目的唯物論とが、日本の基礎を浸蝕するであろう。

日本文化はなお、自覚と自己表現と分析的独創性との発展段階にまで向上させられねばならない。従来日本人は、生存に関する自覚的・自己表現的・分析的概念や、道徳や科学的技術を外国文化に求めてきた。日本民族の内なる創造力は極めて強く、数千年もの間持続してきた。しかしそれは、いまだかつて進歩した自覚的論理に展開しようとする努力を示さなかった。日本人は、その神道において、あるいはまた日本文化の中に実利と霊性と美とが正しい平衡的関係を保っていることに示されるように、多分の独創力を持っている。だが日本人の独創性の泉は、主として彼らの潜在意識を潤すにとどまっている。自覚的分析的能率における独創性は、日本には常に稀少であった。日本史を通じて、他民族の自覚的分析的発見に対する適応性の方が、日本固有の直観的生命観の分析的努力よりもはるかに顕著に見られるのである。

日本人が、日本文化の根本特徴を説明すべき方法を学び、分析的自己表現の方法に習熟するときに、彼らは世界の文明に一大貢献をなし得るのである。日本人が精神的に抑制され、その自覚を発達させない限り、せっかく独創力を持ちながら、それ相当の役割を世界に演じ得ないことになろう。

過去において東洋の一般傾向が、言論を行為の上位に置いた時代に、日本人の直観が言論を避け、行動にと走ったことは正しかった。日本人の創造力がこの退廃的思想に反抗し、自分たちを東洋の無為不活発な字句拘泥主義の渦巻に溺れ込ませなかったのである。言論か行為か、そのいずれかを選ぶべき場合には、もとより前者は排除されねばならない。しかし現代においては、自己表現と自覚的分析とは有効な活動に不可欠な要素になっている。それは、現代生活の複雑性や人事における新しい展開それ自身が、分析力の自覚的発展の増大に負うものであるためである。自覚と自己表現から身を退くことは進歩を妨げることであり、それはすなわち神道の否定にほかならない。

神道の生命観に対する潜在意識的直観的反応は、日本人にいくつかの成果をもたらした。その言論にとらわれない自然さは日本人の性格に大いなる魅力を与え、その優雅、親切、思いやりは日本人固有の特性をなしている。絶えず新しいことを学ぼうとする要求や、目的貫徹の意志力と結合された素朴な平明さと広量は、日本人共通の特徴である。しかし日本にはまだ中世的要素が残っていて、時々社会的不調和のために面食らうことがある。自覚・自己表現・自己分析の不足は、現代的進歩の不断の躍進の中にあって精神的活動を弛緩させ、臨機の問題に対する精神集中を妨げている。日本に自己表現と自覚的分析が発達しない限り、その目的と方法とにおいて明確さを欠く盲目的な直接行動の中世的理想が、若干、国民をなお支配し、日本国内にも国外にも有害な結果をもたらすであろう。

万葉集の中に、山上憶良の古歌で「日の本は言霊《ことだま》のさきはふ国」というのがある。その意味は、日本語は日本人が直観的に悟得する内面的心霊を持っているということである。これはだいたい正しい。しかし複雑な現代生活は、これ以上のものを言葉から要求する。日本は、その言葉が自覚的分析的で、自己表現を促し、また活発な心的独創性を進めるような国にならねばならない。

太古人の創造的自己発展に対する欲求は、神道神話の中に明示されている。神道の了解に必要なのは、神道の根本思想の自己表現であって、その抑圧ではない。日本人の傾向が自己分析的ではなかったから、神道はその内面的意義の説明にはなはだ寡言であった。しかし神道の傾向は、開放、広量、寛容にと向かっている。神道は進歩と自己発展のための新しい経験と実験とを奨励する。現代生活で、この神道の要求が満たされるためには、自覚・自己表現・自己分析がぜひとも必要である。日本の神道学者のある者は、この真理をおぼろげに悟り、自己表現を発達させようと努めてきたが、彼らの努力は一般に効果的になり得なかった。

本居宣長は古事記の注であるその「古事記伝」の中で、この自己表現を一時的ながら試みている。彼の弟子の一人、俊秀平田篤胤は、その師をついで大胆に自己の所信を開陳し、若干の者はこの平田の例に習った。しかし本居の弟子らで伴信友《ばんのぶとも》の率いた一派は、学問的な研究を続け、強い自己表現を欠いていた（注二）。この後者の態度の方が日本文化一般の傾向であったが、これでは神道を現代にまで持続させ、支持してゆくことはできない。日本人は「物言はねば腹ふくる」との諺を持っているが、もっと自己分析と自己表現とをしなければ、神道もまた精神的に窒息させられてしまうであろう。

日本人は現代的自己表現の方法によって神道を理解することによってのみ、日本の固有文化の真義を自覚することができる。目下日本には、日本があまりに西洋化したとの考えがもち上がりつつあるが、これは現代的進歩が、十分な限界にまで到達したということを意味するのではない。日本人の生活状態が日本人にも十分満足のゆけるようになるためには、日本はまだまだなすべきことがたくさんある。実利主義が審美感と霊性とによって均衡を保たれている限り、神道には進歩しすぎるということはあり得ない。要するに、日本があまりに西洋化したというのは、日本精神が西洋唯物論の誘惑の前に崩壊してはならないことを言うのである。なるほどその通りではあるが、しかし進歩を閑却したのでは日本精神は救われない。日本精神と神道とは一体であるということを自覚的に理解することによって、日本精神は大いにその生命を現代に得てくるのである。この両者は絶えず生命拡大の方法（静的機械的生活条件ではなく）を求めてきた。

現代日本の青年男女は自覚を欲求し、また分析的自己表現にと近づきつつあるが、有能な教育者は少ない。日本の青年指導者はなお自覚に馴れず、日本史上の創造力の発展を分析し、または日本精神および神道の創造力の自覚的理解に馴らされてもいない。日本の学者間には、日本の創造的精神よりも中国哲学やインド神秘主義や西欧科学の方がよく理解されている。それは中国人・インド人・西欧諸国民は、世界人の吟味に便利なように、彼らの人生観を自覚的に分析してきたからである。日本人は外来思想を修正し、その産業、経済、政治各方面で、西洋の模範にのっとって、現代日本を改造することで、十分その創造的才腕を示している。しかし日本人の過度の克己心と自覚の抑圧とは、彼ら自身の潜在意識的独創性の理解を妨げてきた。その結果は、社会的にも、日常生活のはしばしにも知られるのである。日本人はあまりにも自分を卑下し、感情を抑圧しすぎる。彼らは元来活動的で常にキビキビとして新しい活動の道を求めている。しかし、自我の抑圧が社会的理想だとの誤った説によって自分を抑えている。そのために、神道の創造的発展性を潜在意識的主観的に理解するにとどまり、神道が仏教よりもはるか優れた精神的原理を有し、より現代生活に適合し、また儒教よりもその内面的哲学的見解ははるかに深遠であり、さらに西洋文化よりもいっそうよく物質的進歩と精神的理想主義とを調和させるものだということがよく分からないのである。

今や日本の学界は、日本の固有文化の創造力に注意を集中すべきである。現代日本は中国の主知主義、インドの哲学、西洋唯物論の支配下にとどまる限り、日本精神と神道とを自覚的に了解する機会はないだろう。これら外国文化の美点は放棄してはならないが、その固有文化の発展を独創的に分析し、その活力を自覚的に理解することの中にこそ、日本の将来の発展の根本的源泉を尋ね求めるべきである。

日本が明治時代以来追随しようとした西洋文明の成功の秘訣は、日本自身の内部にあるのであって、決して外部にあるのではない。それは日本精神と神道との中に埋もれているのと同じ創造力であり、ただ西洋においてはそれが自覚的となり、また客観的に分析的自己表現的になっているだけである。だが日本人はあまりにも自己を抑圧し、また沈黙を美徳としすぎるあまり、まだこの真理を悟らずにいる。日本人は精神の自覚的満足を得る道を他国に学んだ。また日本人は、西洋文化にその進歩の原動力を与える秘訣があると思ってこれを追求したのだが、それは自分自身を十分意識的に理解していなかったためである。

西洋は日本より優れた一つの長所を持っている。すなわち彼らは自分自身を知り、自分の過去を自覚的に分析し、ますます自己表現力を発展させようと常に努めてきたので、新思想を精神の表面に抽出して客観的吟味と意見交換によってその知識を拡大できたのである。日本はこれに対し、直観的潜在意識的生命観において西欧に優っている。また神道の普遍的創造精神観は、西洋の精神主義よりもいっそう現実的である。しかし現代においては、人間の幸福促進のためには、自覚・自己表現・自己分析的活動の方が内面的感情よりも有力である。もしも日本がその潜在意識的直観力を保持し、しかも同時に自覚的自己表現的分析力を発達させられるとすれば、日本文化はかつて他民族のなし得なかったほどの高所にまで達するであろう。しかし、もし日本人が自己の内なる独創性を発展させることなく、いたずらに海外に自覚的霊感を求めるならば、日本精神と神道の創造的精神とは潜在意識的沼地に埋没し、日本の将来の発展を促進するのにますます無力となっていくであろう。

日本精神と神道との再検討は、決して反動化を意味しない。日本人の中には現代的進歩は日本精神に有害であると信じ、国民が過去の狭隘な素朴状態に立ち返ることを求める者もあるようである。こうした人々は、生活水準の向上がかえって日本人から規律と忠誠の伝統的精神を失わせ、国家の統一を危うくするものだという恐れを抱いているのである。しかし日本精神は、日本人の生活向上と歩調を合わせていけないほど弱いものではない。経済的窮乏を克服する道はいくらでもあるときに当たって、神道の創造力は決して永遠の貧窮の中に甘んじてはいない。神道は、国民の発展は神霊の発展と考えるのである。しかし他国におけると同様、日本においても、国民が生活の向上を追求することに対して、その堕落を杞憂する批評家がいつも現れる。こういう悲観論者は、理想主義の栄光を過去に求める。日本の現代人は昔の武士気質を理想にしている。武士道が日本にとって尊いものであり、国の光栄の一つと考えられることは正しい。しかし、十七世紀半ばに生まれた有名な批評家室鳩巣《むろきゅうそう》は、その当時の武士気質について次のように語っている。

中世の半ば頃までは、風習は全く正しいとは言えぬにしても比較的純良であった。腐敗がやってきたのは、武士階級の支配時代になってからである。中国の下女は、その奥様が、算盤片手に値段の高下を論じているのを見ると、驚いて病気になったくらいである。武士も昔はそうであった。彼らは商売などは少しも知らず、ただ儀式ばっていただけである。……自分の若い頃でも、若者は決して値段のことは口にせず、婦人のことに及べば顔を赤らめたものであった。彼らはただ兵を談ずるをのみ喜び、また忠孝と武士の本務とをよく学び習った。しかるに当今の若者は、色や利を語り、戯れ女や下らぬ遊びのことを口にする。五、六十年前の風習とは一変してしまった。値切りのうまいことは商人成功の秘訣ではあるが、武士はこのようなことには全く関わるべきではない。（注二）

室鳩巣時代、貨幣価値を研究した武士は、武士制度が廃止され、生きんがために商売にと転向せざるを得なくなった十九世紀になって、この階級が日本の発展に貢献する下地を造った先駆者だったのだ。室鳩巣は、あの四十七士が忠義の仇討ちを敢行したときの人である。浪士たちの成功の一部は、首領大石が浅野家の財産を管理し、これを復讐のために利用した才腕に帰するといってもいい。室鳩巣こそ四十七士を「義士」と呼び、以後彼らはこの名称で知られるようになったのである。

現代の進歩的事業が、過去を正当に理解しようとする殊勝な心がけの人々によって曲解されてはならない。現代日本が、日本精神と神道の過去における感化力を知ろうとすれば、現代の自覚・自己表現・分析的探求は必要不可欠のものである。過去の日本人が神道を自覚的に理解しなかったことは、現代日本人と異ならない。十八世紀の日本の儒者太宰純（春台）はいわく、

　君子は理性が啓発されているから、神や霊について迷想を抱かないと唱うる合理主義の一派が近頃現れた。彼らは神や霊を一挙に放擲しようとするのである。ある者は神や霊は人民統治の一策として賢者の発明した空理に過ぎぬとさえ主張する。これらの合理主義者は遂に神の道を知らざる者である。（注三）

日本の現代青年が持っているような精神態度は過去の日本にはなかったと信ずる人々によって、右と同じ非難が彼ら青年に対して加えられている。彼ら非難者は、神道に対する無関心は、人心を日本精神より引き離す現代の物質的進歩に起因すると唱え、その真因が自己表現の欠乏と分析力の不足とにあるということを悟らない。現代的進歩に反対することは、日本精神に立ち返ることではなくて、かえってこれを離れる行為である。民利のために生産を増加する新方法が知られているときに、もしも日本がこれを無視するとすれば、日本は自らの創造力と神道精神とをないがしろにすることになる。日本に「貧すれば鈍《どん》す」との諺がある。貧乏を除くことは、知恵と正直とを増すことである。継体天皇（西紀五〇七—五三一治世）は次のような詔書を発した。

　朕聞く、士《をとこ》は当年にして耕さざる者あるときは則ち天下、其飢を受くることあり。女は当年にして績《をう》まざる者あれば、天下その寒を受くることありと。故に帝王躬《みづ》から耕《つく》りて農業を勧め、皇妃、親《みづ》から蚕《こが》ひて桑序を勉《すゝ》めたまう。況や厥《か》の百寮より、万族《みたから》に至るまで、農績を

すてて殷富《にぎはひ》に至らんや。有司普《あまね》く天下に告げて、朕が懐《こころ》を識らしめよ。（注四）

この詔書の中には、万人の繁栄を求むる神道の創造力が明示されている。しかもこれは時宜に適したものであった。なぜなら次代の安閑天皇の治世の「注目すべき特徴は、多数の国立米庫の設立であり、これは御陵威の四方に及んだ証拠であった」から（注五）。それゆえ日本精神と神道への復帰は、日本の物質的進歩と衝突しない。これは物質的進歩を精神的意味に解釈するものであり、これによって国民の団結は固く、またその忠義心も促されるのである。

神道の創造的精神を自覚的に把握することは、自由を拡大することであるが、これは分裂的活動を許すものではない。神道は純民本主義である。神と人とをもって同一なりとする神道原理よりもいっそう根本的な民本主義思想が存在するはずがない。神道における普遍的霊性の考えは、すべてのものに精神的平等性を与えるものである。しかしこのことは、万人が人民を教え導き、公的活動をなす平等権ありという意味ではない。神道の民本主義は、創造的民本主義である。すなわち進歩は自己発展を通してくることを意味する。最も完全に自己を発展させ、最も有効に自己の才能を延ばした者こそ、国民的発展の新領野へと人民を指導してゆくべき者である。神道は、国民精神に反する外来思想を輸入し、これを未熟の青年男女の間に広めることを許さない。日本人は元来、外来思想を自覚的新思想として、これに興味を持つ傾向がある。この外来思想の魅力は、日本人が今まで神道哲学を発達させず、また日本精神を自覚的に分析しなかったことに基因するのであり、そのために独創的学理は通常外部から日本に入ってきたのである。

そして日本人は、日本の固有文化と矛盾する外来思想を退けるには、常に、国民精神に対する直観的感応と内面的感情とに訴えている。だが万事に対する答えとして単に大和魂を語るだけではははなはだ不十分である。現代教育を受けた日本青年は、今や外来思想の誘惑を客観的理論によって退けるために、日本の固有文化を自覚的分析的に把握することを求めている。しかしこの要求はまだ満たされない。なぜなら日本人は、自己および伝統を潜在意識的に知るに甘んじ、これを十分分析して自己表現を与えることをしないからである。そこで人心を乱すような外来思想が日本に広まろうとするとき、多くの青年がこれに興味を持つのは、彼らがその思想を十分会得したからではなく、むしろ日本精神と神道とに基づいた自覚的論理的方法でこれに反駁する道を教えられていないからである。

日本人は直観的潜在意識的な物の見方のために、新思想を精神の最深所に押し込め、それが爆発的に飛び出すまで隠蔽しておく。これに反し、自己表現と自覚的分析の態度は、思想を公開して十分な吟味と漸次的修正とにまかせるから、その誤謬や害悪も明らかに識別されるのである。西洋諸国においては何世紀にもわたって自覚意識が十分に発達したから、国民の自己表現と自己分析との天性的才分を持っている。したがって彼らはその国民精神と矛盾する外来思想が自由に輸入されても動揺しない。

潜在意識的国民精神に加えて、彼らは外来思想を客観的分析をもって評価し得る自覚的国民精神を持っている。こういう国においては、新しい社会理論を国民の判断にまかせておいても安全である。国民は分析と自己表現との自覚的能力を獲得したことによって、こうした権利をかちえたのである。そしてまた政府当局も、国民に寛容な態度をとり、なんの不都合を感じたこともない。

日本において、危険思想が明確な表現の自由を与えられない傾向は、これとは異なった事態を生ずる。国民的不安を生ずるような外来思想の日本輸入を黙許する教授連は、まず彼らが日本の固有文化の哲学を完全に説明できることを示さねばならない。これが示されさえすれば、日本政府の「危険思想」取り締まりはその必要を減ずるであろう。日本における「危険思想」問題は、根本的には学問の自由の問題ではなくて、実は日本の学者が過去において日本精神と神道との自覚的分析的な哲学を発達させなかった結果なのである。潜在意識的には、その内面的意味は感得されている。しかし自覚的には決して説明されていない。「危険思想」は、日本文化の神道的精神を十分自覚的に理解しなかった結果である。日本の学者が、日本を今日のように偉大にした創造的精神を明確に表現する実力を得るまでは、日本人とは異なった生活水準を持つ外国から輸入された、まだ試験済みでない新思想を、青年に教え込むことを慎まねばならない。日本に思想の自由の原則を樹立する道は、自覚・自己表現・自己分析を発達させることにほかならない。神道文化さえ国民に自覚的に理解されれば、いかなる新思想も日本精神にとって危険にはならないであろう。

神道は実在についての直観的知識を有し、生命の創造的精神に満ちている。しかし日本人は、今までこの遺産の意味を直接に分析しては理解しなかった。神道の直観力は日本を絶えず進歩的にしてきたが、国民はこの事実を自覚的に悟らず、現在のように外部からの点検によって自己の再認識を迫られるに及んで当惑し、混乱しているのである。日本人は絶えず国内をのみ見ることを命じられてきた。しかし現代生活においては、外部的自己認識によって、内面的潜在意識の正当であったことが要求されている。神道を理解せずして、これを時代遅れとして放棄する日本人は、現代的進歩の前に立場を失っている。しかし彼らが神道を理解していないのは、神道が十分自己表現的にされなかったからである。彼らはその祖先が実在を理解したと信ずることができないでいる。しかし彼らは次のように考えねばならない。いわく、

我々は名もなく忘れ去られた労苦者に感謝せねばならない。我らの今日あるは、主として彼らの辛苦の賜であるから。……我々が感謝を以って想起せねばならない恩人などの中、おそらくはその大多数は野蛮人だった。……我々は、あまりに長い時代を通じて伝わってきたために、初めの蓄積者の記憶さえ失われている財産の相続者にも等しい。したがってその財産の当主たちは、天地開闢以来その財産は永久不変に人類の所有であると考える。(注六)

日本人が神道の真価を自覚しなければ、神道の中にある直観的実在知識という財産は消散してしまうであろう。日本以外においても、潜在意識的古代的な人類精神の財産は、その真価を認められなかったばかりに、幾多の文化から消え去っている。文明が新思想の魅力で進もうとし、この新思想が人々を過去の記憶から離れさせ、伝統の真価を悟らずに盲目的に新思想に迎合しよう

と努力させる。ただし日本の青年子女の過去に対する無関心の傾向は、ただ彼らが自分たちの遺産に気づかないことに起因している。彼らは日本精神を捨てようとはしない。むしろ内心これを誇りとしているのである。彼らは自覚的であろうと努めているけれども、現代的表現の衣をまとった日本固有文化の説明を、どこにも発見できずにいるのである。そこで彼らは、過去の日本は現実主義的だったのか、あるいは彼らの祖先は何らかの独創力に基づいて現実主義から離れ、現代人には無価値な神話的神秘的思想にひきこまれたのかと疑い始める。彼らは日本の過去に関して、現代的自己表現にかなった自覚的分析的説明をほとんど発見できないので、西洋文化の現実主義にひかれるのである。なぜならそこで行われる生命の自覚的探求は、神道神話説明の基礎たるべき潜在意識的感情よりもいっそう興味深いものだからである。

日本の今日の青年を五十年前の青年と比較すると、彼らに大切に受け継がれた美しい伝統的武士的精神は漸次消滅し、彼らはこの精神がいかに貴重であるかさえ悟っていないようである。それどころか彼らは、これを馬鹿馬鹿しいものとさえ考えるようである。事態がこのようなことであるとするなら、この嘆かわしい状態に対抗するために、祖先崇拝が新衣をまとって復活しても少しも怪しむに足りない。内外の牧師諸君はこれを遺憾としているようであるが、私はその考えには与《くみ》し得ない。……私は祖先崇拝の第一歩は共同祖先の崇拝にあると信ずる。しかし崇拝とは尊敬と名誉とを表現することで、神職たちはこの点を力説し、これを敬礼と呼んでいる。……このようにして国民全体が神々と一体に結ばれるのであり、この崇拝こそ各時代を通じて最も貴重強力な国民的遺産だったと思う。日本人をあれほど剛健に忠義にまた愛国的たらしめたのは、日本人のこの根本的思想傾向によるものと信ずる。また日本人は常に潜在意識的にこうだったのである。国民精神がこの原理を維持していれば、外来思想の危険に曝されることはないことを日本人はよく知っている。しかし彼らの望むものは旧式の祖先崇拝ではなくて、明確な表現を持った近代的形式における祖先崇拝である。

（注七）

これを語ったバッチェロル博士は五十年以上もキリスト教の日本伝道にたずさわった人で、自覚的分析と自己表現とに習熟した人であるから、日本文化における祖先崇拝の本義とその国民に対する偉大なる価値とを、これほどにも明瞭に洞察したのである。それなのに日本の現代青年はこれを見通すことができない。なぜならだれもこのことを彼らに説明しないからである。教師の大多数は、日本精神と神道との創造的方面を説明すべき自覚的分析を試みていないのである。現代の日本青年は、現代語でその固有文化の意義が語られることを要求する権利がある。現代的説明を欠いた過去の思想を受け入れよと言われたとしても、彼らは承知しないだろう。また彼らはこれを承知してはいけない。なぜなら彼らが現代的説明を要求することは、日本における自覚的・自己表現的・分析的能力の発達を促進するのに大いに役立つからである。神道は国民精神に強化させるべきものでもなく、また日本精神は自覚から離されて、説明もなく、潜在意識内に閉じ込められるべき強制的原理であってはならない。

日本人がもし神道の意味を自覚的に学ばないならば、西洋は日本人からこの偉大な精神的遺産を奪うであろう。西洋の美術専門家が自覚的分析を通じて、浮世絵の美と生命とを発見するまでは、日本人は自分らの浮世絵を尊重しなかった。今や日本人は、過去において、愚かにも、外人に売った自分自身の宝を回収するために、莫大の代金を払いつつある。日本人が神道の真価を認めなければ、これと同じ愚を演ぜねばならないであろう。すでに西洋人は、神道の精神的重要性を認め始めている。一九二二年米国およびカナダのミッション教育協会は、この両国の日曜学校の教科書として、ガレン・エム・フィッシャー氏の「日本の創造力」を出版している。氏は長年日本の社会事業に携わった人で、その書の中にいわく、

神道は日本人の天才を反映している。……その美・その神秘主義その自然および祖先尊重の一点一画も失われてはならない。これらはキリスト教徒にそのまま保存貯蔵され得るものである。日本の基督教会にせよ、あるいはまたその他のどこかの教会にせよ、迷信と狭い国家主義を捨てた神道の正しく美しき一面をとり入れるとき、それによって大いなる利益を享受することを誰が否定しよう。(注八)

このようにして、アメリカのキリスト教日曜学校は神道を研究し始めているのである。神道における神霊的自己発展・普遍的霊性・現代科学の新傾向との一般的一致が、もっと広く知られるようになれば、神道の理解はもっと普及し、その感化力は確実になるであろう。フィッシャー氏は神道を次の理由によって批評する。すなわち神道は、

人心の深さを測らず、また人心の欲求と闘争とに答えないからである。精巧な神社建築が人里はなれた深林の中に立つように、神道の信仰は現実生活の喧騒と闘争との彼方に住まうように見える。（注九）

神道は、現実生活より隔離したものではない。なぜなら、それは創造的活動と自己発展と普遍的神霊観とによって、生存に対する直観的反応力を日本に与えてきたからである。しかし、人生の闘争場面にあって慰安と助力とを求むる人心に、神道が応じなかったのは本当である。神道はいまだかつて日本人の心の自覚的表面に達せず、また自覚意識の疑問に解決を与えるように解釈されてこなかったから、あたかも森の中に孤立して存在するように見える。

神道における「狭い国家主義」は、神道の起源が、日本民族の起源史と古代史との説明にあるという事実と、かつ神道は実在に関する直観的知識を日本民族流に表現するという事実とに起因する。しかしこれは根本的に言えば、表現の問題にすぎない。神道にとって根本的なものはすべて、日本のみならず全世界に適用し得る方法で証明できる。神道はその根本精神において世界的であるがゆえに、「狭い国家主義」は神道の本質ではない。神道の生命観が日本にのみあてはまると解するものは、神道を理解していないものである。なるほど、今日なお神社には迷信が結びついている。しかしこれらは外国、ことに中国の影響によるもので、こうした迷信は日本仏教にも西洋のキリスト教にもあるのである。文明国におけるこれらの迷信は、必ずや教育の普及とともに消滅するであろう。

日本の国際主義は、また神道によって影響されつつある。一九三二年横浜において、内相安達謙蔵氏によって、キリスト、仏陀、孔子、ソクラテス、弘法、日蓮、親鸞、聖徳太子を祭る神殿建設の業が起こされた。このような日本の四偉人が、現代においてキリスト教、儒教、および古代ギリシャの叡智と結合されたことは、普遍的神霊に関する神道思想が、いかに日本人の心を啓発しているかを示すものである。

これは発端である。しかしこれは国民一般に広められなければならない。しかも神道の実在知識の真義の自覚的理解にまで拡大されなければならない。神道は建国以来創造的活動力を日本人に与えてきた。だが神社においては、活動が発展しなかった。神社には一般に不活動的気分がみなぎっている。大多数の神社は、神道の理解を助ける中心知とはならなかった。神社は国民が神霊に敬意を払い、普遍的霊性に挨拶をする場所である。国民は神社において、自ら霊性の真義を見出さねばならない。神官は供物や祭祀によって神を正式に崇敬する。しかし神道を活力あるものとし、その直観的根本知識のすべてを理解させるには、これだけでは不十分である。

神官の中にも、人格識見ともに優れ、進歩に甚大の関心を持ち、国民に神道的感化を広めようと努める人々もいる。しかし教育不足で、神道の真義を悟らず、国民精神の指導者たる資格に欠ける人々もいる。彼らの俸給は一家を支えるには足らないので、家族に人並みの生活を営ませるため、仕方なく他の仕事を兼営するようになる。神官は神社守《もり》以上の者として、神道の生命観の理解を進める重大な責任を持たねばならない。神舞、神楽（それは一部分中国伝来である）、供物、祭祀など、これらのものは、現代人の自覚的精神に十分かつ永久的な神道的感化を与えるに足りない。

今や日本の教育は広く普及している。辺土の民も読み書きをよくする。したがって日本人が、もっと進歩した方法で神道の意味を知りたいと欲するのもあたりまえである。彼らはその教育から得た自尊心を保持しようとするから、神社に進歩的思想の見るべきものがないことに不満足を覚えるようになるだろう。神社は、もっと自己表現的であらねばならない。人々が神道の国民および日本文化に対する意義いかんを尋ねるにあたっては、神社はいっそう理路整然としてこの要求に応じ得るものでなくてはならない。しかしこうした発達は、ますます知的水準が高くなる現代において、神官が自己の職責を悟って初めて可能なのである。もし神道に対する現代人の関心を刺激し得る指導者が神官の中から出ない場合は、普通人がこのことにあたらなければならない。さもなければ神道は、その国民的感化力を失うであろう。一般神官に対する教育の向上は、神道の安危にかかわる問題である。神社を中心として、いっそう広い文化的影響が普及されなければならない。神官は、国民的個人的自己発展を促進し、かつ現代人の要求に応ずる方法で、神道の普遍的霊性観を説明し得る有能の士であるとして仰ぎ見られるようにならなければならない。

この必要を痛感する目覚めた神官も中にはいる。すでに彼らの間には、青年学徒に、この日本の偉大なる遺産について若干の知識を与えるため、現代的な神道教授を諸学校で採用させようとの運動が起こっている。しかし学校で教えられるだけではもとより十分ではない。成人もまた教育を要するが、実に神社こそ、その適当な場所である。神道の創造的方面、普遍的霊性の思想、広量な寛容主義、日本文化および民族的協調に及ぼす影響など、これらのすべては、宗教的教理としてではなく、日本の民族的精神文化として、もっと自覚的に討究される必要がある。

日本は、いまだかつて世界思想史上に意識的な貢献をなしていない。神道が十分世界に説明されるならば、日本は過去において世界より与えられたすべてのものに釣り合う返礼、いやそれ以上の返礼をすることになろう。なぜならば、ひとたび神道の真義が世界に明らかにされれば、それはあらゆる文明国における一切の進歩的霊性観に強い影響を及ぼし、神性を主知主義と唯物論との墓地より救い出すであろうから。

注

（一）　角田柳作博士から聞いたところ

（二）　Rev. G. W. Knox, "A Japanese Philosopher," Transactions of the Asiatic of Japan, Vol. XX. に引用されている

（三）　J. C. Hall, "A Japanese Philosopher on Shinto," Transactions of Third International Congress on the History of Religions, Oxford, 1908 に引用されている

（四）　Nihongi, translated by W. G. Aston, Vol. II, p. 5.

（五） Brinkley 前掲書一二〇頁

（六） Sir James George Franzer, "The Golden Bough," One Volume Eddition, pp. 263-4.

（七） Archdeacon John Batchelor, D. D., "The Ancestor Cult of Japan,"Pan-Pacific (Tokyo), March 6, 1930.

（八） フィッシャー「日本の創造力」（原書）一〇九―一一二頁

（九） フィッシャー前掲書一一一―一一二頁

メッセージ［祝辞］

冨山房が創立五十周年を迎へるといふことは現代日本の文学界に取りて重大なる意義を持つ事件である。冨山房が図書の出版を始めた頃の日本は未だ封建的事態からの脱出に努めて居た。当時一青年たりし坂本（嘉治馬）氏は大に故大隈（重信）首相の感化を受け、良書の刊行に従つて祖国将来の幸福と発展とに貢献せんことを一生の事業となすべく決心した。坂本氏は自由思想家であつた。而して異常なる頭脳と能動的且創造的な精神とを併せ持つて居た。

坂本氏の不断の指揮と周到なる判断とに依り、冨山房は出版界最高の地位に到達した。より善き図書若くは一層大なる感奮を与える図書を出版する出版会社は世界中何処にも無い。坂本氏は過去五十年間を通じて日本の教育界に於ける極めて重要なる勢力であつた。坂本氏は文学上の傑作のみならず学術上の書籍も幾百となく発行した。坂本氏は常に真実なる日本精神に指導されながら、日本の思想界が現代思想に遅れぬ様にと努力した。

世に図書出版にもまして重要なる職業は無い。現代に於ける大衆の智的向上は出版業者に倚立する。出版業者が無いとすれば学問は極めて少数なる人士の間に限られ、随つて日本に於ける偉大なる現代的学校制度も不可能になつて仕舞ふだらう。人心に対して適正なる刺戟を与へんためには、出版業者は、良書の選択を誤つてはならぬ。且著述家を激励して最善の著述をなさしめなければならぬ。坂本氏は之等両目的を達成する異常なる能力の持主である。

冨山房の発行に係る書籍は常に人心を鼓舞する。日本の人心に有害なるものは一冊も無い。而して坂本氏は絶えず著述家を説いて、細心精緻なる著述のみを為さしめる。坂本氏の懐抱せる目的の崇高さと、真理の最高要求に対する坂本氏の忠誠とに対しては、一般読者のみならず著述家も亦坂本氏に感謝すべきである。民族の優劣は其の出版業者の質に依つて判断することが出来る。日本の光栄たる偉大なる過去の礎石を揺がすことなくして進歩すべき道を知れる坂本氏は、如上の判断法によれば、日本の有する出版業者中の最高典型である。坂本氏は日本紳士の最高典型に属する一人である。坂本氏の発行せる図書は日本をして世界の最強列国の一たらしめた過去及現代日本人の精神能力を形成する上に非常なる貢献を為して居る。随つて日本の将来に対して有する坂本氏の影響は不滅であろう。

J・W・T・メーソン

（今岡信一良訳）

【このメッセージは、昭和十一年発行の『冨山房五十年史』に寄せられたもので、旧字を新字に直す以外は原文通りである。なお、（　）内は、編集部の補足である。】

publication of books. The modern intellectual growth for the masses of the people is dependent on book publishers. If it were not for them, learning would be confined to a very few people, and the magnificent modern school system of Japan would be impossible. To stimulate the mind properly, book publishers must know how to select the right books for publication and how to encourage authors to write their very best. Mr.Sakamoto has unusual competence in accomplishing both these objectives. The volumes that are printed by the Fuzambo Company never are harmful to the mind or spirit of the Japanese people. They always simulate; and Mr.Sakamoto is constantly working to persuade authors to write only the most carefully developed ideas.

Not only the reading public, but also authors should be thankful to Mr.Sakamoto for his loyalty to the highest demands of truth and his nobility of purpose. Nations can be judged by the character of their book publishers. By the test, Japan has in Mr.Sakamoto an exemplar of the highest type, who knows how to be progressive without loosening the splendid foundations of the past which are the glory of Japan. He is one of the finest types of Japanese gentlemen. His influence on the future of Japan will be permanent, for the books published by him have gone far toward moulding the mentality of the past and present generations who have made Japan one of the world's strongest powers.

J. W. T. Mason

Congratulations

Celebration of the fiftieth anniversary of the foundation of the Fuzambo Publishing Company is an event of great significance for the modern literary world of Japan. When the Fuzambo Company began its issuance of books. Japan was still emerging from mediaeval conditions. Mr. Sakamoto, then a young man,was much influenced by the late Premier Okuma and he decided to make the publication of good books his life work as his contribution to the future welfare and progress of his country. He had liberal ideas and a very unusual mind coupled with an active, creative spirit.

Under his constant direction and his careful judgment, the Fuzambo Company has reached the highest levels of book publications. No other publishing company in the world produces better or more stimulating volumes. Mr.Sakamoto has been a very important power in the educational life of the Japanese people for all the fifty years of the Fuzambo Company's existence. He has given to Japan hundreds of books of learning in addition to literary masterpieces. He has specialized in helping the Japanese mind to develop in keeping with modern ideas, while he has always been dominated by the true Spirit of Japan.

There is no more important profession in the world than the

J. W. T. メーソン（Joseph Warren Teets Mason）
1879年生まれ、1941年死去。アメリカのジャーナリストで、約30年間、日本で神道を研究。

今岡信一良（いまおか・しんいちろう）
1881（明治14）年生まれ、1988（昭和63）年死去。教育者、宗教家。1906（明治39）年東京帝国大学哲学科宗教学卒。1915（大正５）年ハーバード大学・大学院に留学、神学課程修了。神学博士。1950（昭和25）年藍綬褒章、1965（昭和40）年勲四等瑞宝章受章。

神道の本義

著　者　J・W・T・メーソン
訳　者　今岡信一良

令和元年五月十五日　第一刷発行

発行者――坂本嘉廣
発行所――㈱富山房企畫
東京都千代田区神田神保町一-三　〒一〇一-〇〇五一
電話〇三（三二三三）〇〇二三
発売元――㈱冨山房インターナショナル
東京都千代田区神田神保町一-三　〒一〇一-〇〇五一
電話〇三（三二九一）二五七八
印　刷――㈱冨山房インターナショナル
製　本――加藤製本株式会社

ISBN978-4-86600-063-3 C0014　NDC171